职业教育"十四五"规划教材·**数智财经系列**

成本会计实务

马承金／主　审
潘　平　王美静　文志红／主　编
褚　楚　薛碧云　李绘芳　单晓宇　史丽娜／副主编
吴春蕾　郑　蕊　高　雨　赵福荣　刘　悦／编　委

图书在版编目(CIP)数据

成本会计实务 / 潘平，王美静，文志红主编. —上海：立信会计出版社，2024.6
职业教育"十四五"规划教材. 数智财经系列
ISBN 978-7-5429-7626-0

Ⅰ．①成… Ⅱ．①潘… ②王… ③文… Ⅲ．①成本会计—会计实务—职业教育—教材 Ⅳ．①F234.2

中国国家版本馆 CIP 数据核字(2024)第 092370 号

策划编辑　　陈　旻
责任编辑　　陈　旻
美术编辑　　吴博闻

成本会计实务
CHENGBEN KUAIJI SHIWU

出版发行	立信会计出版社
地　　址	上海市中山西路 2230 号　邮政编码　200235
电　　话	(021)64411389　传　真　(021)64411325
网　　址	www.lixinaph.com　电子邮箱　lixinaph2019@126.com
网上书店	http://lixin.jd.com　http://lxkjcbs.tmall.com
经　　销	各地新华书店
印　　刷	上海华业装璜印刷有限公司
开　　本	787 毫米×1092 毫米　1/16
印　　张	12
字　　数	293 千字
版　　次	2024 年 6 月第 1 版
印　　次	2024 年 6 月第 1 次
书　　号	ISBN 978-7-5429-7626-0/F
定　　价	45.00 元

如有印订差错，请与本社联系调换

前　　言

二十大报告指出："高质量发展是全面建设社会主义现代化国家的首要任务。"企业要增强核心竞争力,提高经济和社会效益,实现高质量的发展,控制成本是第一要务。"成本会计实务"是财经类专业的核心课程之一,也是"会计基础""财务会计"的进阶课程。本教材以财政部颁布实施的最新企业会计准则和《企业会计制度》为依据,按照能力培养和项目化教学的要求,结合成本会计工作流程及成本会计职业能力培养的实际需要,将成本会计的具体内容分为前导和八个项目:前导主要介绍成本会计的内容,成本核算的要求、程序和账户设置;项目一至项目三介绍生产费用的归集和分配;项目四至项目七介绍成本会计核算的方法;项目八介绍成本报表的编制与分析。本教材的编写团队多次深入企业进行调研,邀请企业专家全程参与教材编写,推动学校教育和产业需求的深度融合。

本教材具有以下特点。

1. 系统性。本教材分为前导和八个项目,系统地介绍了成本会计的基本理论、基本方法和实际工作中所需的成本会计基本技能,结构严谨、内容丰富。

2. 实用性。本教材从实用角度出发,遵循实用原则。本教材提供了大量的案例,以便介绍成本会计岗位需求、操作步骤和流程;力求做到理论和实践结合,避免教学与实际脱节。

3. 通俗性。本教材穿插了大量的任务案例与任务练习等内容,从而使本教材通俗易懂。同时,本教材内容循序渐进,深浅适中,便于学生学习和理解。

4. 岗课赛证融通。企业专家全程参与本教材的设计、编写,力争实现岗课融通;本教材吸收会计职称考试内容,力争实现课证融通;本教材融入会计技能大赛成本核算和分析内容,力争实现课赛融通。

本教材由潘平、王美静和文志红担任主编,由褚楚、薛碧云、李绘芳、单晓宇和史丽娜担任副主编。具体分工如下:李绘芳编写前导;王美静编写项目一至项目三;薛碧云编写项目四;文志红编写项目五;褚楚编写项目六;文志红和单晓宇共同编写项目七;潘平编写项目八;史丽娜、吴春蕾、郑蕊、高雨、赵福荣和刘悦参与了教材的设计和修改。潘平负责全书的总纂和定稿,马承金负责全书的审核和校对。

在教材编写过程中,编者参阅和借鉴了大量成本会计方面的著作和教材,在此谨向这些著作和教材的作者致谢。由于编者水平有限,教材中若有不足之处,恳请各位专家和读者批评指正。

本教材既可作为高职、高专和中职院校财经类专业的教学用书,又可作为在职财务会计人员的培训及自学参考用书。

编者

2024 年 6 月

目 录

前导　成本会计基础 ··· 001
　　任务一　认识成本会计 ··· 002
　　任务二　成本核算的要求和程序 ··· 004
　　任务三　设置成本核算账户 ··· 007
　　项目测评 ·· 010
　　思政之窗 ·· 011

项目一　要素费用的归集与分配 ··· 012
　　任务一　材料费用的归集与分配 ··· 013
　　任务二　职工薪酬的归集与分配 ··· 018
　　任务三　外购动力费用的归集与分配 ··· 024
　　任务四　其他费用的归集与分配 ··· 028
　　项目测评 ·· 033
　　思政之窗 ·· 035

项目二　辅助生产成本和制造费用的归集与分配 ····································· 036
　　任务一　辅助生产成本的归集与分配 ··· 037
　　任务二　制造费用的归集与分配 ··· 044
　　项目测评 ·· 048
　　思政之窗 ·· 050

项目三　生产费用在完工产品与月末在产品之间的分配 ··························· 051
　　任务一　在产品按所耗直接材料成本计价法 ··· 052
　　任务二　约当产量法 ·· 055
　　任务三　在产品按定额成本计价法 ··· 061
　　任务四　定额比例法 ·· 063
　　任务五　其他分配方法 ··· 067
　　项目测评 ·· 072
　　思政之窗 ·· 074

项目四　品种法 ·· 075
　　任务一　单品种的品种法 ·· 076

任务二　多品种的品种法 ·· 088
　　项目测评 ·· 106
　　思政之窗 ·· 111

项目五　分批法 ·· 112
　　任务一　一般分批法 ·· 113
　　任务二　简化分批法 ·· 119
　　项目测评 ·· 126
　　思政之窗 ·· 129

项目六　分步法 ·· 130
　　任务一　逐步结转分步法 ··· 131
　　任务二　平行结转分步法 ··· 138
　　项目测评 ·· 145
　　思政之窗 ·· 149

项目七　辅助方法 ·· 150
　　任务一　分类法 ·· 151
　　任务二　定额法 ·· 155
　　项目测评 ·· 162
　　思政之窗 ·· 165

项目八　成本报表的编制与分析 ·· 166
　　任务一　编制与分析产品生产成本表 ·· 167
　　任务二　编制与分析主要产品单位成本表 ··· 174
　　任务三　编制与分析制造费用明细表 ·· 179
　　项目测评 ·· 182
　　思政之窗 ·· 184

前导　成本会计基础

前导描述

前导主要讲述成本会计的内容,成本核算的要求、程序和账户的设置。成本核算是指将企业在生产经营过程中发生的各种耗费按照一定的对象进行分配和归集,以计算总成本和单位成本。企业要正确核算成本,需要做好成本核算的基础工作。

学习目标

【知识目标】

1. 了解成本的概念和内容。
2. 理解成本会计的内容和核算要求。
3. 掌握成本核算应该设置的账户。

【技能目标】

1. 理解成本核算的要求。
2. 能正确使用成本核算的各个账户。

【素质目标】

引导学生树立成本意识和效率意识。

思维导图

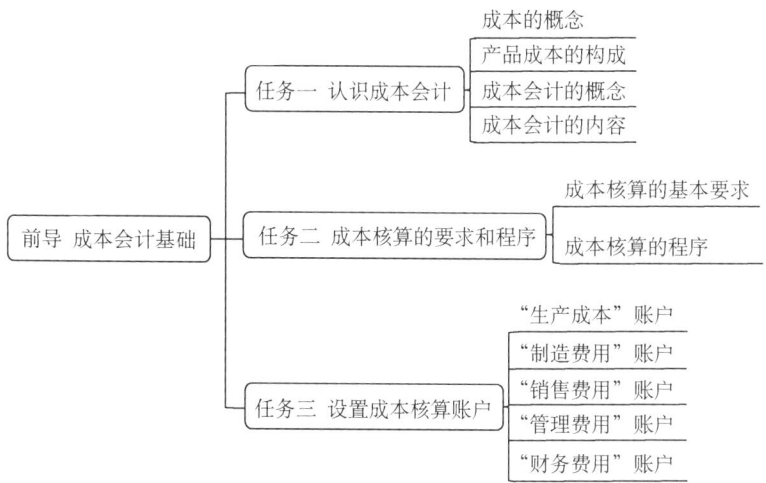

项目导入

成本会计随着商品经济的产生而产生,并随着商品经济的不断发展而发展。成本会计是企业进行价值管理的重要工具之一。通过预测和计划成本、控制实际成本、核算和分析成本以及考核和评价业绩表现,企业可以更好地控制生产过程和管理资源,提高经济效益和市场竞争力。

任务一 认识成本会计

一、成本的概念

成本是指特定会计主体为了实现一定目的而支付或应支付的可以用货币计量的代价。成本有广义和狭义之分。广义的成本是指所有耗费,是经济活动中发生的价值牺牲,即特定会计主体为了消费、存储、交换和生产等所放弃的资源。狭义的成本是指对象化的耗费,即明确了成本计算对象的消耗。本教材中的成本是指狭义的成本,即企业为生产一定种类和一定数量的产品而发生的各项生产费用的总和。

企业的生产经营费用划分为生产费用和期间费用两部分。生产费用归属于特定对象(产品或劳务),计入产品(或劳务)成本。计入产品成本的生产费用按其经济用途可进一步划分为若干成本项目,包括直接材料、直接人工和制造费用等。期间费用是指不能直接归属于某一特定对象但可以确定其归属期间的费用,需要计入当期损益。期间费用包括管理费用、销售费用和财务费用。

二、产品成本的构成

生产费用是指制造业企业在一定期间归集的与产品生产有关的要素费用,产品成本是生产费用的最终归宿。企业要正确计算产品成本,就必须明确产品成本的构成内容。企业从事产品的生产,需要有原材料的投入、人工费用的支出、生产管理人员支出、燃料和动力费用的开支以及辅助生产部门提供的劳务等。

(一) 材料费用

材料费用是指企业产品生产过程中因消耗材料发生的费用,是产品成本的重要组成部分。材料主要包括生产过程中实际消耗的原料及主要材料、辅助材料、设备配件、外购半成品、包装物、低值易耗品和其他直接材料等。生产过程中发生的直接材料费用通常计入产品"直接材料"成本项目。

(二) 人工费用

人工费用是指企业直接从事产品生产人员的职工薪酬。人工费用包含支付给生产工人的工资、奖金、津贴、补贴、加班费以及按工资总额提取的社会保险费、住房公积金、工会经费和职工教育经费等。生产过程中发生的人工费用通常计入产品"直接人工"成本项目。

(三)燃料和动力费用

燃料和动力费用是指直接用于产品生产的燃料和动力的费用。燃料费用包括各种固体、液体和气体燃料,如煤炭、柴油和天然气等的费用;动力费用是指从企业外部购入的电力和蒸汽等的费用。如果燃料和动力费用较少,企业也可以不单独设立"燃料及动力"成本项目,而将燃料费用计入"直接材料"成本项目,将动力费用计入"制造费用"成本项目。

(四)辅助生产费用

辅助生产费用是指企业在产品生产过程中因消耗辅助生产车间提供的产品或接受辅助生产车间提供的劳务而发生的费用。辅助生产车间是指为基本生产车间和行政管理部门等单位提供服务的车间,如供电、供水和机修车间等。辅助生产车间所耗费的材料费用、人工费用、动力费用以及辅助生产车间的制造费用等,构成企业的辅助生产成本。制造业企业辅助生产车间为企业基本生产车间和其他部门提供劳务和产品而发生的费用,需要按照合理的标准进行分配,计入各受益对象成本明细账。

(五)制造费用

制造费用是指基本生产车间用于产品生产,但不便于直接计入产品成本的费用。制造费用大多属于间接生产费用,如机物料消耗费用、生产工人的劳动保护费用、车间机器设备折旧费用、季节性停工的停工损失费用和车间管理人员的职工薪酬等。制造费用按车间分费用项目进行归集,期末采用一定的方法进行分配,计入各成本计算对象。

三、成本会计的概念

成本会计是指运用会计的基本原理和一般原则,对企业生产经营过程中发生的各项费用和产品(或劳务)成本进行连续、系统、全面和综合的核算和监督,并参与计划、决策、执行、控制、分析和反馈的一项管理活动。成本会计有广义和狭义之分,广义的成本会计包括成本预测、成本决策、成本计划、成本控制、成本核算、成本分析及成本考核;狭义的成本会计仅指成本核算。企业成本会计的对象包括产品生产成本和期间费用两部分。

四、成本会计的内容

成本会计的内容一般包括成本预测、成本决策、成本计划、成本控制、成本核算、成本分析和成本考核等。

(一)成本预测

成本预测是指企业根据成本的有关数据及信息,结合未来的发展变化情况,运用一定的技术方法对未来的成本水平及其发展趋势所作出的科学估计。企业通过成本预测可以减少生产经营管理的盲目性,提高成本管理的科学性和预见性。

(二)成本决策

成本决策是指企业在成本预测的基础上,根据成本预测的有关资料,运用专门的方法,对有关方案进行判断和分析,从中选择最优方案。

(三)成本计划

成本计划是指企业以成本预测的数据或情况为基础,确定计划期内为完成计划产量所应发生的耗费和各种产品的成本水平,同时也提出为完成上述成本指标应采取的措施和方法。成本计划是进行成本控制、成本分析和成本考核的依据。

(四) 成本控制

成本控制是指企业根据成本计划对成本发生、形成过程中影响成本的各种因素进行限制和监督,使之能按预定计划进行的一项管理活动。企业通过成本控制可以确保成本目标的实现。

(五) 成本核算

成本核算是指企业根据一定的成本计算对象,采用适当的成本计算方法,按规定的成本项目,通过要素费用的归集和分配,计算出各成本计算对象的总成本和单位成本。成本核算是成本会计工作的核心。企业通过成本核算可以反映成本计划的完成情况,并为成本预测和成本计划提供可靠资料;同时,也为成本分析和成本考核提供必要依据。

(六) 成本分析

成本分析是指企业利用成本核算和其他有关资料,与本年计划成本、上年同期实际成本、本企业历史先进成本,以及国内外同类产品先进成本进行比较,揭示产品成本差异并分析产生差异的原因,以求降低成本。

(七) 成本考核

成本考核是指企业定期对成本计划及其相关指标实际完成情况进行总结和评价,以督促企业相关部门加强成本管理,履行经济责任,提高成本管理水平。

任务二 成本核算的要求和程序

成本核算不仅是成本会计的基本任务,同时也是企业经营管理的重要组成部分。为了充分发挥成本核算的作用,企业在成本核算工作中应贯彻执行成本核算的要求和程序。

一、成本核算的基本要求

(一) 为管理提供关键成本数据

企业成本核算应该从加强企业管理的要求出发,做到成本核算与加强企业管理相结合。企业必须以国家的有关法律法规、制度以及企业的成本计划和消耗定额为依据,对企业发生的各项费用进行事前预测、事中控制和事后分析,并及时进行信息反馈。对于不符合规定的开支、不合理的超支要坚决制止;已无法制止的,要追究责任并采取措施杜绝以后再次发生。对于费用的发生情况以及费用脱离定额或计划的差异应进行分析和反馈,以便定期分析和考核产品成本,为进一步挖掘降低成本的潜力提供数据。在成本核算中,既要防止片面的简单化,又要防止不注重核算效益的过度细化。

(二) 做好成本核算的各项基础工作

为了进行成本核算和控制,正确计算产品成本,还必须做好以下各项基础工作。

1. 建立健全成本核算的原始记录制度

为了保证成本核算所依据的各项数据资料真实可靠,企业必须建立健全原始记录制度。原始记录是指对企业生产经营活动具体实施情况作出的最初记载,是反映企业生产经营情况的第一手资料,是成本核算的主要依据和成本管理的重要基础。企业应当建立各方面的原始凭证,规定其格式和内容,健全原始凭证的填写、签署、传递、汇总和存档等制度,保证全面、准确和及时地提供有关信息。

2. 做好成本定额的制定工作

产品的各项消耗定额是进行计划、分析和考核的依据,是审核和控制成本的标准。企业在计算产品成本时,往往需要用产品的材料和工时定额资料作为实际耗费的分配标准。为了加强生产管理和成本管理,企业应当建立健全定额管理制度,制定先进、合理和可行的原材料、燃料、动力和工时的消耗定额,并且,据以审核各项耗费是否合理和节约,以此控制耗费,降低成本。

3. 建立健全材料物资验收、领发、计量和盘点制度

物资管理制度是指企业关于材料和产品的计量、检验、出入库和盘存等方面的规定。企业一切物资的收发和领退,都需要经过严格的计量和交接手续,由相关人员按规定的内容填写有关凭证,如收料单、领料单、退库单和产品交库单等,并由经办人员和有关部门签章;对于库存的物资,还应定期进行清查盘点,分析盘盈盘亏的原因,确保财产物资的安全与完整,为正确核算产品成本提供可靠的依据。

4. 建立健全企业内部结算制度

企业的内部结算制度是指企业内部各单位之间相互提供产品和劳务而进行收付结算的一种制度。企业建立健全内部结算制度,有利于明确各部门、单位之间的经济责任,便于进行成本责任的考核和工作业绩的确定。

5. 正确确定财产物资的计价和价值结转方法

企业生产经营过程中会发生各种耗费,其中,财产物资的耗费占比较大,因此,这些财产物资的计价和价值结转方法是否恰当,会对成本计算的正确性产生重要影响。企业财产物资计价和价值结转方法主要包括:①材料耗费的组成内容。②材料按实际成本核算时发出材料单位成本的计算方法。③材料按计划成本核算时材料成本差异率的种类和计算方法。④周转材料的摊销方法。⑤固定资产的原值计算方法和折旧方法等。为了正确地计算成本,企业对各种财产物资的计价和价值结转,都应采用较为合理和简便的方法。凡国家统一规定了计价和价值结转方法的,应予遵守和执行。各种方法一经确定,应保持相对稳定,以确保成本信息的可比性。

(三) 正确划分各种费用支出的界限

为了正确计算产品成本,企业必须正确划分各种费用支出的界限。

1. 正确划分生产经营性支出和非生产经营性支出的界限

制造业企业在经营活动中会发生各种耗费,有的耗费用于生产经营活动,有的耗费用于非生产经营活动。为了正确核算产品成本,企业必须正确划分生产经营性支出和非生产经营性支出的界限。生产经营性支出是指用于产品的生产和销售、组织和管理生产经营活动以及筹集生产经营资金的各种费用支出,应计入成本费用。非生产经营性支出是指企业的资本性支出和企业非日常生产经营活动发生的费用支出,如购建固定资产和无形资产等的支出、固定资产盘亏净损失、非常损失、捐赠支出等,非生产经营性支出不应计入成本费用。

2. 正确划分生产费用和期间费用的界限

制造业企业日常生产经营中所发生的各种经营性支出,并非全部计入产品生产成本。只有为生产产品所发生的材料费用、人工费用和制造费用等各项支出,才能计入产品成本,从销售产品的收入中得到补偿。当期发生的销售费用、管理费用和财务费用,应作为期间费用,直接计入当期损益。正确划分生产费用和期间费用的界限,有助于防止企业混淆两者的界限,从而影响成本核算和当期损益计算的正确性,出现虚假费用、虚假成本和虚假盈利的现象。

3. 正确划分本期费用和以后期间费用的界限

为了准确计算各个会计期间的成本费用,企业还应当按照权责发生制原则,正确划分本期费用和以后期间费用的界限。凡是由本期产品负担的费用,不论其是否在本期发生,均应全部计入本期产品成本;凡是不应由本期产品负担的费用,即使在本期支付,也不能计入本期产品成本。只有正确划分本期费用和以后期间费用,才能保证成本核算的正确性。

4. 正确划分各种产品费用的界限

生产两种及两种以上产品的制造业企业还需要将计入当期产品成本的生产费用在各种产品之间进行分配。凡属于某种产品单独发生能够直接计入该种产品的费用,均应直接计入该种产品成本。凡是几种产品共同发生的不能直接计入某种产品成本的间接费用,应由几种产品共同负担,企业采用合理的方法进行分配,并保持一贯性。分配好的间接费用分别计入各种产品成本。

5. 正确划分完工产品成本和在产品成本的界限

期末若某种产品全部完工,则各项生产费用之和就是该种产品的完工成本;若产品全部未完工,则各项生产费用之和就是该种产品的在产品成本;若产品既有完工产品,又有在产品,则应将该种产品的各项生产费用采用适当的分配方法在完工产品与在产品之间进行分配,以便计算完工产品成本和月末在产品成本。

上述五个方面的划分贯穿于产品成本核算工作的全过程,这一过程应遵循受益原则,即谁受益谁负担、何时受益何时负担、负担费用的多少应与受益程度的大小成正比。

(四) 选择适当的成本计算方法

企业应当根据产品的生产特点和管理要求选择适当的成本计算方法。常用的产品成本计算方法有品种法、分批法、分步法、分类法和定额法等。

(五) 遵循成本核算的一致性原则

企业产品成本核算方法一经选定,一般不得随意变更。在成本核算中,各种会计处理方法要前后一致,使前后各项的成本资料相互可比。

(六) 编制产品成本报表

企业一般应当按月编制产品成本报表,全面反映企业成本计划执行情况、产品成本及其变动情况等。企业可以根据单位管理的要求,确定成本报表的具体格式和列报方式。

二、成本核算的程序

成本核算的程序是指对企业在生产经营过程中发生的各项生产费用和期间费用,按照成本核算的要求,逐步进行归集和分配,最后计算出各种产品的完工成本和在产品成本的过程。成本核算的程序如下所述。

（一）确定成本核算对象

企业生产特点和成本管理的要求不同，成本核算对象也不同。一般而言，成本核算对象包括产品品种、产品批别和产品生产步骤。企业应根据自身的生产特点和管理要求，选择合适的产品成本核算对象。

（二）确定成本项目

企业核算产品生产成本，一般应当设置"直接材料""直接人工"和"制造费用"等成本项目。为了满足成本管理的需要，也可在这三个成本项目的基础上进行必要的调整，单设"燃料及动力""废品损失"等成本项目。

（三）确定成本计算期

成本计算期是指成本计算的间隔期，即多长时间计算一次成本。成本计算期的确定主要取决于企业生产组织的特点。通常，在大量、大批生产的情况下，成本的计算期与会计期间一致；在单件、小批生产的情况下，成本的计算期与产品的生产周期一致。

（四）归集和分配生产费用

企业应归集所发生的全部生产费用，并按照成本计算对象将其进行分配，直接或间接计入产品成本。为生产产品直接发生的费用一般直接计入该种产品成本，对于那些不能直接归属于某种产品的间接费用，可先按发生地点和用途进行归集、汇总，再按照一定的分配标准分配计入各受益产品。

（五）计算完工产品成本和月末在产品成本

企业期末应将计入该产品的生产费用在其完工产品和在产品之间采用适当的方法进行分配，计算完工产品成本和在产品成本，并将完工产品的成本结转至"库存商品"账户。

任务三　设置成本核算账户

为了进行成本核算，企业一般应该设置"生产成本""制造费用""销售费用""管理费用"和"财务费用"等账户。企业如果需要单独核算废品损失，还应当设置"废品损失"账户。

一、"生产成本"账户

"生产成本"账户用于核算企业因进行生产所发生的各项生产费用，计算产品实际成本。企业根据生产费用核算和产品成本核算的需要，一般可以在"生产成本"总分类账户下分设"基本生产成本"和"辅助生产成本"两个二级账户；也可以将"基本生产成本"和"辅助生产成本"设置为总分类账户。

（一）"生产成本——基本生产成本"账户

基本生产是指为完成企业主要生产目的而进行的产品生产。为了归集基本生产所发生的各种生产耗费，计算产品成本，企业应设置"生产成本——基本生产成本"账户。该账户属于成本类账户，借方登记企业为进行基本生产而发生的各种耗费；贷方登记转出的完工入库产品成本。该账户的余额一般在借方，表示基本生产车间尚未完工的在产品成本。"生产成本——基本生产成本"账户的基本结构,如图1所示。

借方	生产成本——基本生产成本	贷方
本期增加额:生产产品实际发生的成本	本期减少额:完工入库产成品的成本	
期末余额:尚未完工在产品的实际成本		

图1 "生产成本——基本生产成本"账户的基本结构

"生产成本——基本生产成本"账户应按产品品种、产品批别或产品生产步骤等成本核算对象分设基本生产成本明细账(产品成本计算表或产品生产成本明细账),按成本项目分设专栏进行明细登记。

(二)"生产成本——辅助生产成本"账户

辅助生产是指为服务基本生产而进行的产品生产或劳务供应。辅助生产所提供的产品或劳务有时也对外销售,但不是主要目的。为了归集辅助生产车间所发生的各种生产耗费,计算辅助生产车间所提供的产品或劳务成本,企业应设置"生产成本——辅助生产成本"账户。该账户属于成本类账户,借方登记为进行辅助生产而发生的各种耗费;贷方登记完工入库产品的成本或分配转出的劳务成本。该账户的余额一般在借方,表示辅助生产车间尚未完工的在产品成本。"生产成本——辅助本生产成本"账户的基本结构,如图2所示。

借方	生产成本——辅助生产成本	贷方
本期增加额:辅助生产活动所发生的直接成本	本期减少额:辅助生产车间完工入库的产成品或分配转出的劳务成本	
期末余额:辅助生产车间尚未完工在产品的实际成本		

图2 "生产成本——辅助生产成本"账户的基本结构

"生产成本——辅助生产成本"账户应按辅助生产车间和生产的产品、劳务分设明细分类账,按辅助生产的成本项目分设专栏以进行明细登记。

二、"制造费用"账户

"制造费用"账户用于核算企业在基本生产活动中发生的机物料消耗、车间管理人员薪酬、生产车间计提的固定资产折旧费以及生产车间支付的办公费、水电费等各项间接耗费。该账户属于成本类账户,借方登记实际发生的各项间接耗费;贷方登记分配转出的制造费用。除在季节性生产企业和按照年度计划分配率法分配制造费用的企业,该账户期末无余额。"制造费用"账户的基本结构,如图3所示。

借方	制造费用	贷方
本期增加额:实际发生的各项制造费用	本期减少额:期末转入"生产成本"账户的制造费用	

图3 "制造费用"账户的基本结构

"制造费用"账户一般应按基本生产车间设置明细分类账,按费用项目设立专栏进行明细登记。

三、"销售费用"账户

"销售费用"账户用于核算销售商品和材料、提供劳务过程中发生的各种费用。例如,销售过程中的保险费、包装费、运输费、装卸费、展览费、广告费、产品维修费以及专设销售机构的职工薪酬、业务费、折旧费等经营费用。该账户属于损益类账户,借方登记实际发生的各项销售费用,贷方登记月末转入"本年利润"账户的销售费用,账户期末无余额。"销售费用"账户的基本结构,如图4所示。

图4 "销售费用"账户的基本结构

"销售费用"账户一般按费用项目设置专栏进行明细登记。

四、"管理费用"账户

"管理费用"账户用于核算企业为组织和管理企业生产经营活动而发生的各项管理费用。管理费用包括企业在筹建期间发生的开办费,行政管理部门的职工薪酬、福利费、物料消耗、低值易耗品摊销、办公费、差旅费、固定资产折旧费和维修费等,工会经费、董事会费、聘请中介机构费、咨询费(含顾问费)、诉讼费、业务招待费、技术转让费和研究费用等。该账户属于损益类账户,借方登记实际发生的各项管理费用,贷方登记期末转入"本年利润"账户的管理费用,账户期末无余额。"管理费用"账户的基本结构,如图5所示。

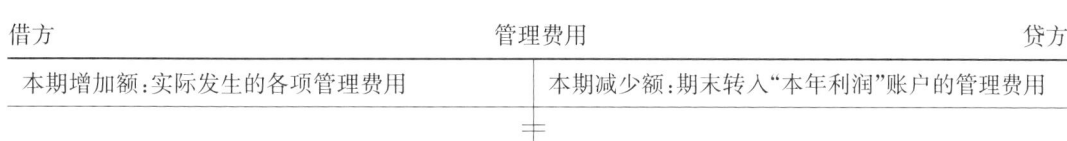

图5 "管理费用"账户的基本结构

"管理费用"账户一般按费用项目设置专栏进行明细登记。

五、"财务费用"账户

"财务费用"账户用于核算企业为筹集生产经营资金而发生的筹资费用,包括利息支出(减利息收入)、汇兑损益以及相关的手续费等。该账户属于损益类账户,借方登记实际发生的各项财务费用,贷方登记期末转入"本年利润"账户的财务费用,账户期末无余额。"财务费用"账户的基本结构,如图6所示。

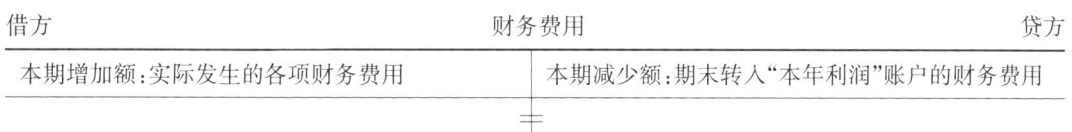

图6 "财务费用"账户的基本结构

项目测评

一、单项选择题

1. 下列各项中,不属于成本会计主要内容的是(   )。
   A. 成本核算　　　　　　　　　　　B. 成本计划
   C. 成本预测　　　　　　　　　　　D. 制定产品价格

2. 狭义的成本会计仅指(   )会计。
   A. 成本预测　　B. 成本核算　　C. 成本决策　　D. 成本分析

3. 下列各项中,不属于产品成本项目的是(   )。
   A. 直接材料　　B. 制造费用　　C. 直接人工　　D. 利息支出

4. "生产成本——基本生产成本"账户核算的内容是(   )。
   A. 销售产品发生的广告费　　　　　B. 生产产品发生的各项费用
   C. 工会经费　　　　　　　　　　　D. 支付的房产税、印花税等

5. 下列各项中,应计入产品成本的费用是(   )。
   A. 生产车间管理人员的职工教育经费　B. 车间机器设备的折旧费
   C. 离退休人员的退休金　　　　　　D. 因筹资支付给银行的手续费

6. 下列各项中,不属于非生产经营性支出的是(   )。
   A. 购入无形资产的支出　　　　　　B. 固定资产盘亏净损失
   C. 行政人员的工资　　　　　　　　D. 捐赠支出

7. 下列各项中,不属于期间费用的是(   )。
   A. 制造费用　　B. 管理费用　　C. 销售费用　　D. 财务费用

8. (   )是根据一定的成本计算对象,采用适当的成本计算方法,按规定的成本项目,通过要素费用的归集和分配,计算出各成本计算对象的总成本和单位成本。
   A. 成本核算　　B. 成本考核　　C. 成本分析　　D. 成本控制

9. 下列各项中,不属于管理费用的是(   )。
   A. 董事会费　　B. 工会经费　　C. 利息支出　　D. 咨询费

10. 下列各项中,不记入"制造费用"账户的是(   )。
    A. 生产车间机器设备的维修费　　　B. 车间管理人员的工资
    C. 生产线的折旧费　　　　　　　　D. 季节性停工损失

二、多项选择题

1. 下列各项中,为了正确计算产品成本,必须正确划分的费用界限有(   )。
   A. 本期费用和以后期间费用的界限
   B. 生产费用与期间费用的界限
   C. 各种产品费用的界限
   D. 完工产品成本与在产品成本的界限

2. "制造费用"账户核算的内容包括(   )。
   A. 生产设备的折旧费　　　　　　　B. 车间管理人员薪酬
   C. 业务招待费　　　　　　　　　　D. 印花税

3. 下列属于产品成本的有( )。

A. 材料费用　　　　　　　　　　　B. 人工费用

C. 燃料动力费用　　　　　　　　　D. 制造费用

4. 成本会计的内容包括( )。

A. 成本核算　　B. 成本预测　　C. 成本分析　　D. 成本考核

5. 为了正确划分生产费用与期间费用的界限,企业的正确做法有( )。

A. 将计入产品成本的生产费用列为期间费用

B. 将生产工人工资计入产品成本

C. 将期间费用计入产品成本

D. 将广告费计入期间费用

三、判断题

1. 资本性支出应当计入本期产品成本。　　　　　　　　　　　　　　　(　　)

2. 成本会计的内容包括成本预测、成本决策、成本计划、成本核算、成本控制、成本考核和成本分析。　　　　　　　　　　　　　　　　　　　　　　　　　　　(　　)

3. 企业生产工人工资及福利费、车间管理人员工资及福利费都应计入"直接人工"成本项目。　　　　　　　　　　　　　　　　　　　　　　　　　　　　　　(　　)

4. "生产成本——辅助生产成本"账户期末一般无余额。　　　　　　　　(　　)

5. "制造费用"账户用于核算企业为生产产品和提供劳务而发生的各种直接费用和间接费用。　　　　　　　　　　　　　　　　　　　　　　　　　　　　　(　　)

 思政之窗

公司、企业不得随意改变费用、成本的确认标准或者计量方法,不得虚列、多列、不列或者是少列费用、成本。作为一名会计人员,应当严于律己、心存敬畏,自觉维护国家财经纪律和经济秩序。

项目一　要素费用的归集与分配

项目描述

本项目的主要内容是对生产企业生产经营过程中发生的各项要素费用进行归集与分配。要素费用是指按照生产费用要素归类反映的生产费用。要素费用的归集和分配是成本核算的基础。为了正确计算产品成本、科学地进行成本管理,必须对企业的各项费用进行合理的归集与分配。

学习目标

【知识目标】
1. 掌握材料费用、职工薪酬、折旧费用和其他费用等各项要素费用的归集与分配方法。
2. 掌握要素费用分配的账务处理方法。

【技能目标】
1. 能识别并收集费用原始凭证。
2. 能准确编制各种费用分配表。
3. 能正确进行要素费用分配的账务处理。

【素质目标】
提高学生的沟通协调能力,培养团队合作意识。

思维导图

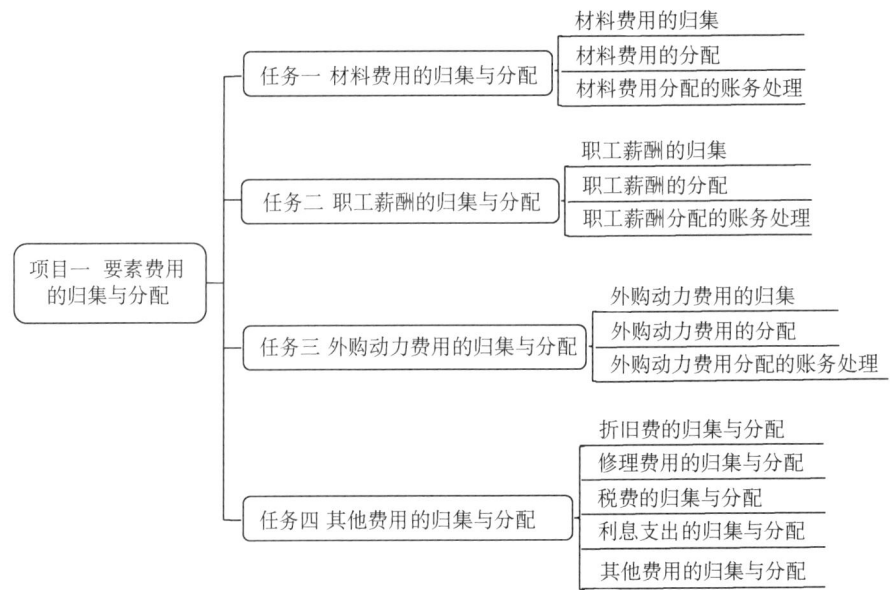

项目导入

味佳食品有限公司有一个基本生产车间,用于生产面包和饼干,主要原材料为各种面粉和牛奶等。该公司设有供电和机修两个辅助生产车间,为企业提供电力和机修服务。公司设有行政部门和专门的销售部门。该公司采用实际成本法核算材料成本。按定额耗用量比例分配法对本月发生的材料费用进行分配,分别按照工资总额的30%和12%计提社会保险费和住房公积金。

任务一　材料费用的归集与分配

一、知识准备

(一) 材料费用的归集

材料费用的归集是进行材料分配的前提和基础。期末需将各种领料凭证按车间、部门进行汇总,编制发出材料汇总表。

1. 领料凭证

实际工作中常见的领料凭证有领料单、领料登记表、限额领料单、退料单和材料盘点报告表等。为明确经济责任、便于分配材料费用,企业在生产过程中领用各种材料时应由专人负责签字审核。

2. 材料发出的计价方法

(1) 实际成本法。实际成本法是指每一种材料的收发结存量,都按企业在采购(或委托加工、自制)过程中所发生的实际成本进行计价的方法。这种计价方法通常适用于材料品种较少、收发料次数不多的企业。企业采用实际成本法计价时,可以按先进先出法、全月一次加权平均法、移动加权平均法和个别计价法等确定发出材料的成本。

(2) 计划成本法。计划成本法是指每一种材料的收发结存量,都按企业预先确定的计划成本计价的方法。这种计价方法通常适用于材料实际成本变动不大、品种多、收发频繁的企业,从而可以简化材料日常收发核算的工作量。企业按照计划成本进行存货核算,需要对存货的计划成本和实际成本之间的差异进行单独核算,月末分配发出材料应负担的成本差异,最终将计划成本调整为实际成本。

(二) 材料费用的分配

企业根据编制的发出材料汇总表编制材料费用分配表,进行材料费用的分配。

1. 直接材料费用的分配

直接材料费用是指直接用于生产某一种产品的材料费用。直接材料费用不需要计算分配,可以直接计入产品生产成本"直接材料"成本项目。

2. 间接材料费用的分配

间接材料费用是指生产多种产品共同耗用的一种或多种材料费用。间接材料费用需要采用适当的分配方法在各种产品之间进行合理分配,计入产品生产成本"直接材料"成本项目。按照材料费用选取的分配标准不同,材料费用的分配方法主要有产品产量(体积、重量)比例分配法、定额耗用量比例分配法和定额费用比例分配法。

(1) 产品产量(体积、重量)比例分配法。产品产量(体积、重量)比例分配法是指将产品的产量(体积、重量)等指标作为分配标准来分配材料费用的方法。该方法适用于材料耗用量与产品的产量(体积、重量)有直接关系的情况。其计算公式如下:

$$材料费用分配率 = \frac{待分配的材料费用总额}{各产品的产量(体积、重量)之和}$$

$$某产品应分配的材料费用 = 该产品的产量(体积、重量) \times 材料费用分配率$$

【学中做 1-1】 某公司生产甲、乙两种产品,20×3 年 2 月共同耗用材料 18 000 元。甲、乙产品的产量分别为 100 件、200 件。该公司按产品产量比例分配法对该材料费用进行分配。

【解答】 材料费用分配率 = 18 000÷(100+200) = 60
甲产品应分配的材料费用 = 100×60 = 6 000(元)
乙产品应分配的材料费用 = 200×60 = 12 000(元)

(2) 定额耗用量比例分配法。定额耗用量比例分配法是指以产品材料定额消耗量作为分配标准来分配材料费用的方法。该方法适用于各种材料消耗定额比较健全且相对准确的企业。其计算公式如下:

$$某产品材料定额消耗量 = 该种产品实际产量 \times 单位该种产品材料消耗量定额$$

$$材料费用分配率 = \frac{待分配的材料费用总额}{各产品的材料定额消耗量之和}$$

$$某产品应分配的材料费用 = 该产品的材料定额消耗量 \times 材料费用分配率$$

【学中做 1-2】 某公司生产 A、B 两种产品,20×3 年 2 月共同耗用材料 80 000 元。A、B 产品的产量分别为 100 件、200 件。A、B 产品的单位材料消耗定额分别为 20 千克、10 千克。公司按定额耗用量比例分配法对该材料费用进行分配。

【解答】 (1) 计算 A、B 产品的材料定额消耗量:
A 产品的材料定额消耗量 = 100×20 = 2 000(千克)
B 产品的材料定额消耗量 = 200×10 = 2 000(千克)
(2) 计算材料费用分配率:
材料费用分配率 = 80 000÷(2 000+2 000) = 20
(3) 计算 A、B 产品应分配的材料费用:
A 产品应分配的材料费用 = 2 000×20 = 40 000(元)
B 产品应分配的材料费用 = 2 000×20 = 40 000(元)

(3) 定额费用比例分配法。定额费用比例分配法是指以产品材料定额费用作为分配标准来分配材料费用的方法。其计算公式如下:

$$某产品材料定额费用 = 该种产品实际产量 \times 单位该种产品材料费用定额$$

$$材料费用分配率 = \frac{待分配的材料费用总额}{各产品的材料定额费用之和}$$

$$某产品应分配的材料费用 = 该产品的材料定额费用 \times 材料费用分配率$$

【学中做 1-3】某公司生产丙、丁两种产品,20×3 年 2 月共同耗用材料 20 000 元。丙、丁产品的产量分别为 100 件、300 件。丙、丁产品的单位材料费用定额分别为 20 元、10 元。公司按定额费用比例分配法对该材料费用进行分配。

【解答】(1)计算丙、丁产品的材料定额费用：

丙产品的材料定额费用＝100×20＝2 000(元)

丁产品的材料定额费用＝300×10＝3 000(元)

(2)计算材料费用分配率：

材料费用分配率＝20 000÷(2 000＋3 000)＝4

(3)计算丙、丁产品应分配的材料费用：

丙产品应分配的材料费用＝2 000×4＝8 000(元)

丁产品应分配的材料费用＝3 000×4＝12 000(元)

(三)材料费用分配的账务处理

生产经营过程中领用材料,按受益对象和部门,借记有关成本费用账户,贷记"原材料"账户。生产产品领用的材料费用,借记"生产成本——基本生产成本"账户；辅助生产领用的材料费用,借记"生产成本——辅助生产成本"账户；基本车间一般耗用的材料费用因不能直接归属于某种产品,可先在"制造费用"账户进行归集,借记"制造费用"账户,再采用适当的分配方法进行分配；单设的销售机构领用材料费用,借记"销售费用"账户；行政部门领用的材料费用,借记"管理费用"账户。

二、任务案例

20×3 年 2 月,味佳食品有限公司基本生产车间共生产白面包 4 000 袋、全麦面包 5 000 袋。两种面包共同耗用牛奶,每袋白面包的牛奶消耗量定额是 1 升,每袋全麦面包的牛奶消耗量定额是 0.2 升。请使用定额耗用量比例分配法对本月所发生的材料费用进行分配。发出材料汇总表,如表 1-1 所示。

表 1-1　　　　　　　　　　发出材料汇总表

20×3 年 2 月 28 日　　　　　　　　　　　　金额单位:元

领用部门	用途	♯101 高筋面粉			♯102 全麦面粉			♯103 牛奶			合计
		数量(千克)	单价	金额	数量(千克)	单价	金额	数量(千克)	单价	金额	
基本生产车间	生产白面包	1 000	3	3 000							3 000
基本生产车间	生产全麦面包				1 500	4	6 000				6 000
基本生产车间	共同耗用							2 000	5	10 000	10 000
销售部门	促销							800	5	4 000	4 000
合计		1 000	—	3 000	1 500	—	6 000	2 800	—	14 000	23 000

公司编制材料费用分配表,如表1-2所示。

表 1-2 材料费用分配表
20×3年2月28日　　　　　　　　　　　　　　　　　金额单位:元

领料单位	产量（袋）	分配计入材料				直接计入材料	合计
		单位消耗定额	定额消耗量	分配率	分配金额		
白面包	4 000	1	4 000		8 000	3 000	11 000
全麦面包	5 000	0.2	1 000		2 000	6 000	8 000
小计			5 000	2	10 000	9 000	19 000
销售部门						4 000	4 000
合计					10 000	13 000	23 000

根据发出材料汇总表和材料费用分配表,填制记账凭证。记账凭证,如表1-3所示。

表 1-3 记账凭证
20×3年2月28日　　　　　　　　　　　　　　　　记字 第 017 号

摘要	会计科目		借方金额	贷方金额	记账√
	总账科目	明细科目	千百十万千百十元角分	千百十万千百十元角分	
分配材料费用	生产成本	基本生产成本——白面包（直接材料）	1 1 0 0 0 0 0		
	生产成本	基本生产成本——全麦面包（直接材料）	8 0 0 0 0 0		
	销售费用		4 0 0 0 0 0		
	原材料	高筋面粉		3 0 0 0 0 0	
	原材料	全麦面粉		6 0 0 0 0 0	
	原材料	牛奶		1 4 0 0 0 0 0	
附件2张	合计		¥2 3 0 0 0 0 0	¥2 3 0 0 0 0 0	

记账　　　　出纳　　　　　　　　　审核　　　　　　　　制单

三、任务练习

20×3年3月,味佳食品有限公司基本生产车间生产牛奶饼干3 000箱、巧克力饼干5 000箱。两种饼干共同耗用低筋面粉,牛奶饼干和巧克力饼干单位消耗定额分别为20千克、10千克。请使用定额耗用量比例分配法对本月发生的材料费用进行分配,填制材料费用分配表(表1-5)和记账凭证(表1-6)。发出材料汇总表,如表1-4所示。

表 1-4 发出材料汇总表

20×3 年 3 月 31 日　　　　　　　　　　　　　　　金额单位:元

领用部门	用途	#103 牛奶			#105 低筋面粉			#107 巧克力			合计
		数量(千克)	单价	金额	数量(千克)	单价	金额	数量(千克)	单价	金额	
基本生产车间	生产牛奶饼干	1 000	5	5 000							5 000
基本生产车间	生产巧克力饼干							60	120	7 200	7 200
基本生产车间	共同耗用				2 200	4	8 800				8 800
销售部门	商品促销	100	5	500				5	120	600	1 100
合计		1 100	—	5 500	2 200	—	8 800	65	—	7 800	22 100

表 1-5 材料费用分配表

年　月　日　　　　　　　　　　　　　　　　金额单位:元

领料单位	产量	分配计入材料				直接计入材料	合计
		单位消耗定额	定额消耗量	分配率	分配金额		
合计							

制表:　　　　　　　　　　　　审核:

表 1-6 记账凭证

年　月　日　　　　　　　　　　　　记字　第　号

摘要	会计科目		借方金额	贷方金额	记账
	总账科目	明细科目	千百十万千百十元角分	千百十万千百十元角分	√
附件　张		合计			

记账　　　　出纳　　　　　　　　　审核　　　　　　　　制单

任务二　职工薪酬的归集与分配

一、知识准备

(一) 职工薪酬的归集

职工薪酬应按照用途和发生部门进行归集,并按照发生部门编制工资结算汇总表。职工薪酬的主要内容是工资费用,企业发生工资费用后,需按照工资总额的一定比例计提职工福利费、社会保险费、住房公积金、工会经费和职工教育经费等。

1. 职工薪酬的原始记录

(1) 考勤记录。考勤记录是指登记职工出勤和缺勤情况的原始记录。月末,考勤人员应将经过车间和部门负责人检查、签章以后的考勤记录送交会计部门审核。经过会计部门审核的考勤记录,即可作为计算每位职工工资的依据。

(2) 产量和工时记录。产量和工时记录是指登记职工个人或生产班组在出勤时间内完成产品的数量、质量和单位产品耗用工时数的原始记录。它是计算计件工资和按工时在各产品间分配直接人工费用的重要依据,也是考核工时定额、明确生产工人的责任和考核劳动生产率的依据。

(3) 其他凭证。其他凭证通常包括废品通知单、工资性补贴、奖金、津贴和代扣款通知单等。

2. 职工薪酬的计算

常见的职工薪酬计算方法有计时工资和计件工资两种。

(1) 计时工资。计时工资需要根据考勤记录登记的每位职工出勤或缺勤日数,按照规定的工资标准计算。工资标准按其计算的时间不同,可分为年薪制、月薪制、周薪制、日薪制和时薪制。

(2) 计件工资。计件工资根据当月产量记录中的产品数量和规定的计件单价计算确定。计件单价由产品的工时定额和某一级别职工的小时工资率计算确定。这里的产品数量包括实际完成的合格品数量和生产过程中因材料不合格而造成的废品数量。

(二) 职工薪酬的分配

根据工资结算单编制工资结算汇总表,并以此编制工资费用分配表,进行职工薪酬的分配。

1. 直接职工薪酬的分配

采用计件工资形式支付薪酬,或者车间只生产一种(批)产品的,生产工人的薪酬属于直接职工薪酬,可以直接计入所生产的产品成本。

2. 间接职工薪酬的分配

采用计时工资形式支付薪酬或车间生产两种(批)及以上产品的,生产工人薪酬属于间接职工薪酬。间接职工薪酬需要采用适当方法在各种产品之间进行分配,计入产品生产成本"直接人工"成本项目。实际工作中,间接职工薪酬的分配方法主要是生产工时分配法,生产工时可选取实际工时、定额工时和机器工时等。

按照生产工时分配法分配职工薪酬的计算公式如下：

$$生产工人薪酬分配率 = \frac{生产工人薪酬总额}{各产品生产工时之和}$$

$$某产品应分配的生产工人薪酬 = 该产品生产工时 \times 生产工人薪酬分配率$$

【学中做 1-4】 某公司生产甲、乙两种产品，20×3 年 2 月生产工人薪酬总额 100 000 元。甲、乙两种产品耗用的定额工时分别为 2 000 小时、8 000 小时。按生产工时分配法对生产工人薪酬进行分配。

【解答】

生产工人薪酬分配率 = 100 000 ÷ (2 000 + 8 000) = 10

甲产品应分配的生产工人薪酬 = 2 000 × 10 = 20 000（元）

乙产品应分配的生产工人薪酬 = 8 000 × 10 = 80 000（元）

（三）职工薪酬分配的账务处理

分配职工薪酬应按受益对象和部门，借记有关成本费用账户，贷记"应付职工薪酬——工资""应付职工薪酬——社会保险费""应付职工薪酬——住房公积金"等账户。分配基本生产车间生产工人的薪酬，借记"生产成本——基本生产成本"账户；分配辅助生产车间生产工人的薪酬，借记"生产成本——辅助生产成本"账户；分配基本车间管理人员的薪酬，借记"制造费用"账户；分配提供劳务人员的薪酬，借记"劳务成本"账户；分配工程建设人员的薪酬，借记"在建工程"账户；分配无形资产研发人员的薪酬，借记"研发支出"账户；分配行政管理人员薪酬，借记"管理费用"账户；分配专设销售机构的销售人员的薪酬，借记"销售费用"账户。

二、任务案例

20×3 年 2 月，味佳食品有限公司基本生产车间白面包生产工时为 5 000 小时，全麦面包生产工时为 3 000 小时。根据相关原始记录，编制工资结算汇总表，如表 1-7 所示。

表 1-7　　　　　　　　　　　　工资结算汇总表

20×3 年 2 月 28 日　　　　　　　　　　　　　　　　　金额单位：元

部门人员		应付工资	代扣款项			实发工资
			社会保险费	住房公积金	个人所得税	
基本生产车间	生产工人	40 000	6 000	4 800	726	28 474
	管理人员	6 000	900	720	0	4 380
供电车间		8 000	1 200	960	25.2	5 814.8
机修车间		7 000	1 050	840	3.3	5 106.7
销售部门		6 000	900	720	0	4 380
行政部门		10 000	1 500	1 200	69	7 231
合计		77 000	11 550	9 240	823.5	55 386.5

根据以上资料进行本月工资费用的分配，编制工资费用分配表，如表 1-8 所示。

表 1-8　　　　　　　　　　　　　　　工资费用分配表

20×3 年 2 月 28 日　　　　　　　　　　　　　　　　　金额单位:元

应借会计科目		成本费用项目	直接计入	分配计入		工资费用合计
				生产工时（小时）	分配金额（分配率为5）	
生产成本——基本生产成本	白面包	直接人工		5 000	25 000	25 000
	全麦面包	直接人工		3 000	15 000	15 000
生产成本——辅助生产成本	供电车间	工资	8 000			8 000
	机修车间	工资	7 000			7 000
制造费用		工资	6 000			6 000
管理费用		工资	10 000			10 000
销售费用		工资	6 000			6 000
合计			37 000		40 000	77 000

表 1-8 中的生产工人工资分配过程如下：

生产工人工资分配率＝40 000÷(5 000＋3 000)＝5

白面包应分配的生产工人工资＝5 000×5＝25 000(元)

全麦面包应分配的生产工人工资＝3 000×5＝15 000(元)

据此编制记账凭证,如表 1-9 所示。

表 1-9　　　　　　　　　　　　　　　　记账凭证

20×3 年 2 月 28 日　　　　　　　　　　　　　　　记字　第　019　号

摘要	会计科目		借方金额	贷方金额	记账
	总账科目	明细科目	千百十万千百十元角分	千百十万千百十元角分	√
分配工资费用	生产成本	基本生产成本——白面包（直接人工）	2 5 0 0 0 0 0		
	生产成本	基本生产成本——全麦面包（直接人工）	1 5 0 0 0 0 0		
	生产成本	辅助生产成本(供电车间)	8 0 0 0 0 0		
	生产成本	辅助生产成本(机修车间)	7 0 0 0 0 0		
	制造费用		6 0 0 0 0 0		
	管理费用		1 0 0 0 0 0 0		
	销售费用		6 0 0 0 0 0		
	应付职工薪酬	工资		7 7 0 0 0 0 0	
附件 1 张	合计		¥ 7 7 0 0 0 0 0	¥ 7 7 0 0 0 0 0	

记账　　　出纳　　　　　　　审核　　　　　　制单

分别按照工资总额的 30％、12％计提社会保险费和住房公积金,编制社会保险费及住房公积金计算表,如表 1-10 所示。

表 1-10　　　　　　　　　　　社会保险费及住房公积金计算表

20×3年2月28日　　　　　　　　　　　　　　　　　　　单位:元

应借会计科目		成本费用项目	工资费用	社会保险费（30%）	住房公积金（12%）	合计
生产成本——基本生产成本	白面包	直接人工	25 000	7 500	3 000	10 500
	全麦面包	直接人工	15 000	4 500	1 800	6 300
生产成本——辅助生产成本	供电车间	社保及住房公积金	8 000	2 400	960	3 360
	机修车间	社保及住房公积金	7 000	2 100	840	2 940
制造费用		社保及住房公积金	6 000	1 800	720	2 520
管理费用		社保及住房公积金	10 000	3 000	1 200	4 200
销售费用		社保及住房公积金	6 000	1 800	720	2 520
合计			77 000	23 100	9 240	32 340

据此编制记账凭证，如表1-11所示。

表 1-11　　　　　　　　　　　　　记账凭证

20×3年2月28日　　　　　　　　　　　　记字　第　020　号

摘要	会计科目		借方金额	贷方金额	记账√
	总账科目	明细科目	千百十万千百十元角分	千百十万千百十元角分	
分配社保及住房公积金	生产成本	基本生产成本——白面包（直接人工）	1 0 5 0 0 0 0		
	生产成本	基本生产成本——全麦面包（直接人工）	6 3 0 0 0 0		
	生产成本	辅助生产成本（供电车间）	3 3 6 0 0 0		
	生产成本	辅助生产成本（机修车间）	2 9 4 0 0 0		
	制造费用		2 5 2 0 0 0		
	管理费用		4 2 0 0 0 0		
	销售费用		2 5 2 0 0 0		
	应付职工薪酬	社会保险费		2 3 1 0 0 0 0	
	应付职工薪酬	住房公积金		9 2 4 0 0 0	
附件1张	合计		¥3 2 3 4 0 0 0	¥3 2 3 4 0 0 0	

记账　　　出纳　　　　　　　　审核　　　　　　　　制单

三、任务练习

20×3年3月，味佳食品有限公司基本生产车间牛奶饼干生产工时为4 000小时，巧克力饼干生产工时为3 000小时。根据相关原始记录编制工资结算汇总表，如表1-12所示。请使用生产工时分配法对本月工资费用进行分配，编制工资费用分配表（表1-13）并填制记账凭证(表 1-14);计提社会保险费和住房公积金,编制社会保险费及住房公积金计算表(表 1-15)及相关记账凭证(表 1-16)。

表 1-12 工资结算汇总表

20×3 年 3 月 31 日　　　　　　　　　　　　　　　　　　单位:元

部门人员		应付工资	代扣款项			实发工资
			社会保险费	住房公积金	个人所得税	
基本生产车间	生产工人	21 000	2 310	2 520	309.9	15 020.1
	管理人员	5 000	550	600	0	3 650
供电车间		7 000	770	840	3.3	5 106.7
机修车间		5 000	550	600	0	3 650
销售部门		7 500	825	900	14.25	5 460.75
行政部门		9 800	1 078	1 176	64.62	7 089.38
合计		55 300	8 295	6 636	392.07	39 976.93

表 1-13 工资费用分配表

年　月　日　　　　　　　　　　　　　　　　　　金额单位:元

应借会计科目		成本费用项目	直接计入	分配计入		工资费用合计
				生产工时(小时)	分配金额(分配率为　)	
生产成本——基本生产成本	牛奶饼干	直接人工				
	巧克力饼干	直接人工				
生产成本——辅助生产成本	供电车间	工资				
	机修车间	工资				
制造费用		工资				
管理费用		工资				
销售费用		工资				
合计						

表 1-14 记账凭证

年　月　日　　　　　　　　　　　　　　　　　　记字　第　号

摘要	会计科目		借方金额	贷方金额	记账
	总账科目	明细科目	千百十万千百十元角分	千百十万千百十元角分	√

(续表)

摘要	会计科目		借方金额	贷方金额	记账
	总账科目	明细科目	千百十万千百十元角分	千百十万千百十元角分	√
附件　张		合计			

记账　　　　出纳　　　　　　　　审核　　　　　　　　制单

表 1-15　　　　　　　　　社会保险费及住房公积金计算表

20×3 年 3 月 31 日　　　　　　　　　　　　　　　　　　单位:元

应借会计科目		成本费用项目	工资费用	社会保险费（30%）	住房公积金（12%）	合计
生产成本——基本生产成本	牛奶饼干	直接人工				
	巧克力饼干	直接人工				
生产成本——辅助生产成本	供电车间	社保及住房公积金				
	机修车间	社保及住房公积金				
制造费用		社保及住房公积金				
管理费用		社保及住房公积金				
销售费用		社保及住房公积金				
合计						

表 1-16　　　　　　　　　　　　记账凭证

年　月　日　　　　　　　　　　　　　记字　第　　号

摘要	会计科目		借方金额	贷方金额	记账
	总账科目	明细科目	千百十万千百十元角分	千百十万千百十元角分	√
附件　张		合计			

记账　　　　出纳　　　　　　　　审核　　　　　　　　制单

任务三 外购动力费用的归集与分配

一、知识准备

外购动力费用是指企业向外单位购买电力、蒸汽、热力和天然气等费用。外购动力有的直接用于产品生产,如生产工艺动力用电、用水;有的间接用于产品生产,如生产车间照明用电、生产车间的取暖用电;有的则用于经营管理,如企业行政管理部门照明以及办公设备用电等。

(一) 外购动力费用的归集

企业外购动力费用通常按照对方单位开具的增值税发票支付款项或确认应付款项。企业动力管理部门根据仪表记录编制各部门的动力耗用清单,月末将耗用清单传至成本核算岗位,以便相关工作人员进行成本核算。本任务以外购电力为例进行成本核算。

在实际工作中,企业耗用的动力数量是根据计量仪表所显示的用量抄录而来。企业抄表时间与分配动力费用的时间并不一致,所以,企业一般根据权责发生制,在支付动力费用时,先将动力费用作为暂付款,借记"应付账款"账户;月末按照一定的分配标准进行分配,再将"应付账款"账户贷方转出记入成本费用类账户。

如果供应单位抄表时间固定,且每月耗用动力费用相差不大,也可以不用计算分配,直接将耗用的动力费用在付款时分配记入成本费用类账户,借记"生产成本""制造费用""管理费用"等账户,贷记"银行存款"账户。

(二) 外购动力费用的分配

外购动力费用发生在企业各部门,可以采用仪表确定使用数量,然后按计量单价分配至相关成本费用类账户。但是,如果动力费用是两种或两种以上产品共同耗用的,则要选择分配标准,采用适当方法加以分配。动力费用的分配标准可以是生产工时、机器工时、机器动率时数和定额耗用量等。在实际工作中,企业通过编制外购动力费用分配表分配外购动力费用。

其计算公式如下:

$$动力费用分配率 = \frac{待分配动力费用总额}{各种产品分配标准之和}$$

$$某种产品应分配的动力费用 = 该种产品分配标准 \times 动力费用分配率$$

【学中做 1-5】某公司基本生产车间同时生产甲、乙两种产品。20×3 年 2 月,甲产品生产工时为 3 000 小时,乙产品生产工时为 2 000 小时。本月生产用电费用为 3 000 元。请按生产工时分配电费。

【解答】

电费分配率 = 3 000÷(3 000+2 000) = 0.6

甲产品应分配的电费 = 3 000×0.6 = 1 800(元)

乙产品应分配的电费 = 2 000×0.6 = 1 200(元)

（三）外购动力费用分配的账务处理

企业外购动力费用应按受益对象和部门,借记有关成本费用类账户,贷记"银行存款""应付账款"等账户。对于企业基本生产车间用于产品生产的外购电力,借记"生产成本——基本生产成本"账户;对于基本生产车间一般耗用动力费用,借记"制造费用"账户;对于辅助生产车间耗用的动力费用,借记"生产成本——辅助生产成本"账户;对于行政管理部门耗用的动力费用,借记"管理费用"账户;对于企业销售机构耗用的动力费用,借记"销售费用"账户。

二、任务案例

根据电力公司账单,味佳食品有限公司20×3年2月共用电80 000度,每度电单价为0.5元,增值税税率为13%,价税款合计共45 200元,款项以银行存款支付。

月末,各部门的电表显示各部门的用电情况如下:基本生产车间生产产品用电56 000度、照明用电4 000度;辅助生产车间——供电车间用电6 000度,辅助生产车间——机修车间用电4 000度;行政管理部门用电3 000度;销售部门用电7 000度。基本生产车间生产白面包耗用生产工时5 000小时,生产全麦面包耗用生产工时3 000小时。

根据付款原始凭证,编制银行存款付款的记账凭证,如表1-17所示。

表 1-17 记账凭证

20×3年2月28日　　　　　　　　　　　　　　　　　　　　　记字　第 24 号

摘要	会计科目		借方金额	贷方金额	记账
	总账科目	明细科目	千百十万千百十元角分	千百十万千百十元角分	√
支付电费	应付账款	电力公司	4 0 0 0 0 0 0		
	应交税费	应交增值税(进项税额)	5 2 0 0 0 0		
	银行存款			4 5 2 0 0 0 0	
附件 2 张	合计		¥4 5 2 0 0 0	¥4 5 2 0 0 0	

记账　　　　出纳　　　　　　　　　　审核　　　　　　　　制单

根据相关资料编制外购动力费用分配表,如表1-18所示。

表 1-18　　　　　　　　　　　外购动力费用分配表

20×3年2月28日　　　　　　　　　　　　　　　　　　　　　金额单位:元

应借会计科目		直接计入	分配计入		费用合计
			生产工时（小时）	分配金额（分配率为3.5）	
生产成本——基本生产成本	白面包		5 000	17 500	17 500
	全麦面包		3 000	10 500	10 500

(续表)

应借会计科目		直接计入	分配计入		费用合计
			生产工时（小时）	分配金额（分配率为3.5）	
生产成本——辅助生产成本	供电车间	3 000			3 000
	机修车间	2 000			2 000
制造费用		2 000			2 000
管理费用		1 500			1 500
销售费用		3 500			3 500
合计		12 000		28 000	40 000

根据外购动力费用分配表编制记账凭证，如表1-19所示。

表1-19　　　　　　　　　　　记账凭证
20×3年2月28日　　　　　　　　　　　　　　　　记字　第　25　号

摘要	会计科目		借方金额	贷方金额	记账
	总账科目	明细科目	千百十万千百十元角分	千百十万千百十元角分	√
分配外购动力费用	生产成本	基本生产成本——白面包（制造费用）	1 7 5 0 0 0 0		
	生产成本	基本生产成本——全麦面包（制造费用）	1 0 5 0 0 0 0		
	生产成本	辅助生产成本（供电车间）	3 0 0 0 0 0		
	生产成本	辅助生产成本（机修车间）	2 0 0 0 0 0		
	制造费用		2 0 0 0 0 0		
	管理费用		1 5 0 0 0 0		
	销售费用		3 5 0 0 0 0		
	应付账款	电力公司		4 0 0 0 0 0 0	
附件1张	合计		¥4 0 0 0 0 0 0	¥4 0 0 0 0 0 0	

记账　　　出纳　　　　　　审核　　　　　　制单

三、任务练习

20×3年3月，味佳食品有限公司共用电70 000度，每度电单价为0.5元，增值税税率为13%，价税款合计39 550元，款项以银行存款支付。

月末的电表显示各部门的用电情况如下：基本生产车间生产产品用电49 000度、照明用电6 000度；辅助生产车间——供电车间用电5 000度，辅助生产车间——机修车间用电3 000度；行政管理部门用电4 000度；销售部门用电3 000度。基本生产车间生产牛奶饼干耗用生产工时4 000小时、生产巧克力饼干耗用生产工时3 000小时。

要求：请根据上述资料编制外购动力费用分配表（表1-20），并编制支付电费和分配电费的记账凭证(表1-21和表1-22)。

表1-20 外购动力费用分配表

年　月　日　　　　　　　　　　　　　　　　金额单位:元

应借会计科目		直接计入	分配计入		工资费用合计
			生产工时（小时）	分配金额（分配率为　）	
生产成本——基本生产成本	牛奶饼干				
	巧克力饼干				
生产成本——辅助生产成本	供电车间				
	机修车间				
制造费用					
管理费用					
销售费用					
合计					

表1-21 记账凭证

年　月　日　　　　　　　　　　　　　　记字　第　号

摘要	会计科目		借方金额	贷方金额	记账√
	总账科目	明细科目	千百十万千百十元角分	千百十万千百十元角分	
附件　张	合计				

记账　　　出纳　　　　　　　审核　　　　　　制单

表1-22 记账凭证

年　月　日　　　　　　　　　　　　　　记字　第　号

摘要	会计科目		借方金额	贷方金额	记账√
	总账科目	明细科目	千百十万千百十元角分	千百十万千百十元角分	

(续表)

摘要	会计科目		借方金额	贷方金额	记账
	总账科目	明细科目	千百十万千百十元角分	千百十万千百十元角分	√
附件 张	合计				

记账   出纳   审核   制单

任务四　其他费用的归集与分配

一、知识准备

（一）折旧费用的归集与分配

企业对固定资产折旧费用，一般不单设成本项目，通常先按使用地点归集。对于基本生产车间的固定资产折旧费用，借记"制造费用"账户，对于行政管理部门的固定资产折旧费用，借记"管理费用"账户，对于销售机构的固定资产折旧费用，借记"销售费用"账户，对于辅助生产车间的固定资产折旧费用，借记"生产成本——辅助生产成本"账户，对于出租固定资产发生的折旧费用，借记"其他业务成本"账户；贷记"累计折旧"账户。

企业固定资产折旧费用通过固定资产折旧计算分配表进行分配计算。根据上月折旧额、上月应计提折旧的固定资产增减情况以及固定资产折旧率，按照部门归集计算当月折旧费用。其计算公式如下：

某部门本月折旧额＝该部门上月折旧额＋该部门上月增加固定资产应计折旧额
　　　　　　　　　－该部门上月减少固定资产应计折旧额

（二）修理费用的归集与分配

根据《企业会计准则》有关规定，不论是大修理，还是中小修理，企业发生的修理费用均作为当期损益。对于属于管理部门或车间的固定资产修理费用，借记"管理费用"账户，对于属于销售部门的固定资产修理费用，借记"销售费用"账户。

（三）税费的归集与分配

企业按规定计算的应交房产税、车船税、印花税和城镇土地使用税，应记入"税金及附加"账户。其中，房产税、车船税和城镇土地使用税一般按年缴纳，通过"应交税费"账户核算；而印花税不通过"应交税费"账户核算，在购买贴花时结清税款。

(四) 利息支出的归集与分配

企业的利息支出应作为期间费用的一部分,一般借记"财务费用"账户。企业的利息支出分为短期借款利息支出和长期借款利息支出。

短期借款利息支出按月或按季计提支付,预提时,借记"财务费用"账户,贷记"应付利息"账户。支付利息时,借记"应付利息"账户,贷记"银行存款"账户。

长期借款按年付息的,利息支出通过"应付利息"账户核算;按年计息、到期一次还本付息的,利息支出通过"长期借款——应计利息"账户核算。

(五) 其他费用的归集与分配

其他费用是指上述各项费用以外的其他费用支出,包括保险费、邮电费、水电费、技术转让费、业务招待费、差旅费、办公费和培训费等。这些费用有的构成产品成本,有的则属于期间费用。在费用发生时,按其发生的地点归集,按用途进行分配,分别借记"制造费用""生产成本——辅助生产成本""管理费用""销售费用"等账户,贷记"银行存款"等账户。

二、任务案例

味佳食品有限公司 20×3 年 2 月编制固定资产折旧计算分配表,如表 1-23 所示。

表 1-23　　　　　　　　　　固定资产折旧计算分配表

20×3 年 2 月 28 日　　　　　　　　　　单位:元

应借会计科目		上月折旧额	上月增加固定资产折旧额	上月减少固定资产折旧额	本月折旧额
制造费用		4 000	300	600	3 700
生产成本——辅助生产成本	供电车间	450	100		550
	机修车间	1 450		360	1 090
管理费用		1 000	200		1 200
销售费用		2 200			2 200
其他业务成本		700	600		1 300
合计		9 800	1 200	960	10 040

根据上述固定资产折旧计算分配表,填制记账凭证,如表 1-24 所示。

表 1-24　　　　　　　　　　记账凭证

20×3 年 2 月 28 日　　　　　　　　　　记字　第　30　号

摘要	会计科目		借方金额	贷方金额	记账
	总账科目	明细科目	千百十万千百十元角分	千百十万千百十元角分	√
分配折旧费用	制造费用		3 700 00		
	生产成本	辅助生产成本(供电车间)	550 00		

(续表)

摘要	会计科目		借方金额	贷方金额	记账√
	总账科目	明细科目	千百十万千百十元角分	千百十万千百十元角分	
	生产成本	辅助生产成本(机修车间)	1 0 9 0 0 0		
	管理费用		1 2 0 0 0 0		
	销售费用		2 2 0 0 0 0		
	其他业务成本		1 3 0 0 0 0		
	累计折旧			1 0 0 4 0 0 0	
附件1张	合计		¥1 0 0 4 0 0 0	¥1 0 0 4 0 0 0	

记账　　　出纳　　　　　　　审核　　　　　　　制单

根据本月支付的其他费用,编制其他费用分配汇总表,如表1-25所示。

表1-25　　　　　　　　　　其他费用分配汇总表
20×3年2月28日　　　　　　　　　　　　　　　　　　　单位:元

应借会计科目		项目	金额
制造费用		办公费	4 000
		培训费	800
		小计	4 800
生产成本——辅助生产成本	供电车间	办公费	2 500
		培训费	1 600
		小计	4 100
	机修车间	办公费	2 300
		培训费	1 400
		小计	3 700
管理费用		办公费	7 000
		差旅费	3 000
		小计	10 000
销售费用		办公费	5 000
		差旅费	10 000
		小计	15 000
合计			37 600

上述其他费用都以银行存款支付,根据上述其他费用分配汇总表,填制记账凭证,如表1-26所示。

表 1-26   记账凭证

20×3 年 2 月 28 日   记字 第 31 号

摘要	会计科目		借方金额	贷方金额	记账
	总账科目	明细科目	千百十万千百十元角分	千百十万千百十元角分	√
分配其他费用	制造费用		4 8 0 0 0 0		
	生产成本	辅助生产成本(供电车间)	4 1 0 0 0 0		
	生产成本	辅助生产成本(机修车间)	3 7 0 0 0 0		
	管理费用		1 0 0 0 0 0		
	销售费用		1 5 0 0 0 0		
	银行存款			3 7 6 0 0 0 0	
附件 1 张	合计		¥ 3 7 6 0 0 0 0	¥ 3 7 6 0 0 0 0	

记账   出纳   审核   制单

三、任务练习

20×3 年 3 月味佳食品有限公司编制的固定资产折旧计算分配表及其他费用分配汇总表,如表 1-27 和表 1-28 所示。其他费用都以银行存款支付,请进行完善并编制相关的记账凭证(表 1-29 和表 1-30)。

表 1-27   固定资产折旧计算分配表

年 月 日   单位:元

应借会计科目		上月折旧额	上月增加固定资产折旧额	上月减少固定资产折旧额	本月折旧额
制造费用		3 700	210	100	
生产成本——辅助生产成本	供电车间	550		60	
	机修车间	1 090	300		
管理费用		1 200	400		
销售费用		2 200			
其他业务成本		1 300			
合计		10 040	910	160	

表 1-28   其他费用分配汇总表

年 月 日   单位:元

应借会计科目	项目	金额
制造费用	办公费	3 600
	培训费	7 500
	小计	

(续表)

应借会计科目		项目	金额
生产成本——辅助生产成本	供电车间	办公费	2 600
		培训费	900
		小计	
	机修车间	办公费	3 100
		培训费	700
		小计	
管理费用		办公费	9 000
		差旅费	24 000
		小计	
销售费用		办公费	4 000
		差旅费	11 000
		小计	
合计			

表 1-29   记账凭证

年　月　日　　　　　　　　　　　　　　记字　第　号

摘要	会计科目		借方金额	贷方金额	记账
	总账科目	明细科目	千百十万千百十元角分	千百十万千百十元角分	√
附件　张	合计				

记账　　　出纳　　　　　　审核　　　　　　制单

表 1-30   记账凭证

年　月　日　　　　　　　　　　　　　　记字　第　号

摘要	会计科目		借方金额	贷方金额	记账
	总账科目	明细科目	千百十万千百十元角分	千百十万千百十元角分	√

(续表)

摘要	会计科目		借方金额	贷方金额	记账
	总账科目	明细科目	千百十万千百十元角分	千百十万千百十元角分	√
附件　张		合计			

记账　　　　出纳　　　　　　　　审核　　　　　　　　制单

项目测评

一、单项选择题

1. 核算生产各种产品所归集的直接材料、直接人工和制造费用,记入(　　)账户。
   A."生产成本"　　B."管理费用"　　C."制造费用"　　D."销售费用"

2. 核算企业生产车间为生产产品而发生的各项间接费用,以及虽然直接用于产品生产但管理上不要求或不便于单独核算的费用,记入(　　)账户。
   A."管理费用"　　B."生产成本"　　C."制造费用"　　D."销售费用"

3. 直接材料费用根据发出材料凭证汇总表或材料费用分配表直接计入产品成本中的(　　)成本项目。
   A. 直接材料　　B. 直接人工　　C. 燃料和动力　　D. 制造费用

4. 在权责发生制下,企业在支付动力费用时,先将动力费用作为暂付款,记入(　　)账户的借方,待月末分配时,根据受益单位抄表数量采用一定方法进行分配,再从账户贷方转出记入"成本费用"账户。
   A."生产成本"　　B."制造费用"　　C."应付账款"　　D."应收账款"

5. 应在本月计提折旧费用的固定资产是(　　)。
   A. 以经营租赁方式租入的房屋　　　　B. 本月内购进的机器设备
   C. 已提足折旧的设备　　　　　　　　D. 本月减少的设备

6. 企业基本车间一般耗用动力费用,记入(　　)账户。
   A."生产成本"　　　　　　　　　　　B."制造费用"
   C."管理费用"　　　　　　　　　　　D."燃料和动力"

7. 辅助生产车间耗用的动力费用,记入(　　)账户及其所属辅助生产明细账户的相应费用项目。
   A."管理费用"　　B."销售费用"　　C."制造费用"　　D."生产成本"

8. 直接用于生产产品的材料,应记入各产品"生产成本"账户的(　　)成本项目中。
   A. 直接材料　　B. 燃料和动力　　C. 制造费用　　D. 直接人工

9. 行政管理部门领用材料,记入(　　)账户。
   A."管理费用"　　B."销售费用"　　C."制造费用"　　D."生产成本"

10. 专设销售机构职工工资计提的"四险一金"费用,记入(　　)账户及其所属销售费用明细账的"职工薪酬"项目。

A. "管理费用"　　　B. "销售费用"　　　C. "制造费用"　　　D. "生产成本"

二、多项选择题

1. 要素费用主要包括（　　）。
   A. 外购材料　　　B. 外购燃料　　　C. 外购动力　　　D. 职工薪酬
2. 直接费用一般直接记入"生产成本——基本生产成本"账户的（　　）等成本项目。
   A. 直接材料　　　B. 管理费用　　　C. 制造费用　　　D. 直接人工
3. 动力费用的分配标准包括（　　）。
   A. 生产工时　　　B. 机器台时　　　C. 机器动率时数　　　D. 定额耗用量
4. 发生下列各项费用时，可以直接借记"生产成本"账户的有（　　）。
   A. 车间照明用电费　　　　　　　　B. 构成产品实体的原材料费用
   C. 车间管理人员工资　　　　　　　D. 车间生产工人工资
5. 企业发生的职工薪酬费用，按其用途应分别借记（　　）账户。
   A. "销售费用"　　　B. "制造费用"　　　C. "管理费用"　　　D. "生产成本"

三、判断题

1. 定额消耗量分配法是指以产品总重量作为标准分配材料费用的方法。（　　）
2. 在支付动力费用时，先将动力费用作为暂付款，记入"应付账款"账户的借方，待月末分配时，根据受益单位抄表数量采用一定方法进行分配，再从"应付账款"账户贷方转出记入成本费用账户。（　　）
3. 企业基本车间一般耗用动力费用，记入"生产成本"账户。（　　）
4. 本月计提的企业应承担的"四险一金"金额为该月实发工资总额乘"四险一金"的计提比率。（　　）
5. 出租的固定资产不需要按规定计提折旧。（　　）

四、实训题

1. 某公司基本生产车间生产甲、乙两种产品，共耗用原材料 2 000 千克，单价 20 元。本月投产甲产品 300 件，乙产品 200 件。甲产品单位材料消耗定额 10 千克，乙产品单位材料消耗定额 25 千克。

   要求：采用定额耗用量比例分配法分配材料费用，并编制会计分录。

2. 某公司某月生产 A、B 两种产品分别为 400 件、600 件，共同耗用甲原材料 7 480 千克，该原材料的单位实际成本为 8 元，A、B 产品材料单位费用定额分别为 64 元和 48 元。

   要求：采用定额费用比例分配法分配材料费用，并编制会计分录。

3. 某公司有一个基本生产车间，生产甲、乙、丙三种产品，本月甲、乙、丙三种产品耗用的定额工时分别为 5 000 工时、4 000 工时和 8 000 工时，本月发生生产工人职工薪酬总额 51 000 元。

   要求：按照生产工时分配法分配上述职工薪酬，并编制会计分录。

4. 某公司基本车间同时生产甲、乙两种产品，本月耗用天然气 6 000 立方米，共计 24 000 元。其中：生产甲产品耗用 3 000 立方米，生产乙产品耗用 2 800 立方米，行政部门耗用 200 立方米。

   要求：采用适当的方法对天然气费用进行分配，并编制会计分录。

 思政之窗

有信念、有梦想、有奋斗、有奉献的人生,才是有意义的人生。作为一名成本会计人员,要立足本职岗位,做好费用核算的基础工作,并将自身发展与企业发展、时代发展相结合,在实现个人抱负的同时,服务人民、奉献社会。

项目二 辅助生产成本和制造费用的归集与分配

项目描述

本项目的主要内容是对生产企业生产经营过程中发生的辅助生产成本和制造费用进行归集与分配。企业的辅助生产主要是为基本生产服务的。有的只生产一种产品或提供一种劳务,如供电、供气、运输等辅助生产;有的则生产多种产品或提供多种劳务,如从事工具、模具、备件的制造以及机器设备的修理等辅助生产。制造费用是指企业各生产单位为组织和管理生产而发生的各项间接费用。

学习目标

【知识目标】

1. 掌握辅助生产成本的归集与分配方法。
2. 掌握制造费用的归集与分配方法。

【技能目标】

1. 能识别并收集费用原始凭证。
2. 能准确编制辅助生产成本和制造费用分配表。
3. 能正确进行辅助生产成本和制造费用分配的账务处理。

【素质目标】

培养学生遵守法律法规、会计制度的职业素养。

思维导图

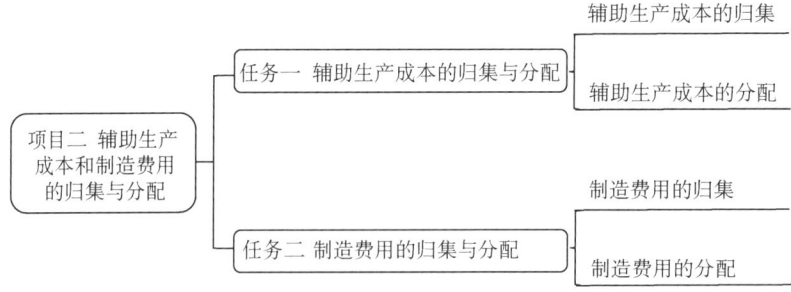

项目导入

乐淘童车有限公司是一家儿童用车制造企业,有一个基本生产车间,主要生产小推车和滑板车,该公司设有供电和机修两个辅助生产车间,为企业提供电力和机修服务,并设有行政部门和专门的销售部门。

任务一　辅助生产成本的归集与分配

一、知识准备

(一) 辅助生产成本的归集

经过各项要素费用的归集和分配,辅助生产车间所发生的各项成本,已经全部归集到"生产成本——辅助生产成本"账户的借方。

(二) 辅助生产成本的分配

月末,辅助生产成本应按照一定的方法分配给各受益对象。企业辅助生产车间提供的水、电、汽、修理和运输等劳务所发生的费用,应在各受益单位之间按照所耗数量或其他标准进行分配,编制辅助生产成本分配表,借记"生产成本——基本生产成本""制造费用""管理费用"等账户,贷记"生产成本——辅助生产成本"账户。辅助生产成本的分配方法主要有直接分配法、交互分配法、计划成本分配法、代数分配法和顺序分配法等。本教材介绍前两种分配方法。

1. 直接分配法

直接分配法是指分配辅助生产成本时,不考虑辅助生产车间之间相互提供的劳务或产品,将辅助生产成本直接分配给辅助生产车间以外各受益单位或部门的方法。

直接分配法的基本计算公式如下:

$$辅助生产成本分配率 = \frac{某辅助生产车间待分配成本总额}{该辅助生产车间提供的劳务总量-对其他辅助车间提供的劳务量}$$

$$某受益对象应分配成本 = 该受益对象接受的劳务量 \times 辅助生产成本分配率$$

直接分配法的优点是计算方法简便,缺点是未考虑各辅助生产车间之间的受益情况,分配结果不准确。

这种方法一般适用于辅助生产车间内部相互提供劳务不多、不进行交互分配对辅助生产成本和产品成本影响不大的企业。

【学中做 2-1】某公司设有供水和供电两个辅助生产车间。20×3 年 2 月,供水和供电车间发生的费用分别为 6 000 元和 8 000 元。辅助生产车间劳务数量表,如表 2-1 所示。按直接分配法对辅助生产成本进行分配。

表 2-1　　　　　　　　　　辅助生产车间劳务数量表

20×3 年 2 月 28 日

供应对象		供水数量(立方米)	供电数量(度)
辅助生产成本	供水车间		6 000
	供电车间	500	
基本生产车间		1 000	8 000
行政管理部门		500	2 000
合计		2 000	16 000

【解答】根据上述资料,计算分配辅助生产成本:
(1) 计算辅助生产成本分配率:
供水车间分配率=6 000÷(2 000-500)=4
供电车间分配率=8 000÷(16 000-6 000)=0.8
(2) 对外分配:
基本生产车间分配的水费=1 000×4=4 000(元)
基本生产车间分配的电费=8 000×0.8=6 400(元)
行政管理部门分配的水费=500×4=2 000(元)
行政管理部门分配的电费=2 000×0.8=1 600(元)

2. 交互分配法

交互分配法是指先根据各辅助生产车间相互提供的劳务量和交互分配前的实际单位成本,进行一次交互分配,然后将各辅助生产车间交互分配后的实际成本(即交互分配前的成本加上交互分配转入的成本,减去交互分配转出的成本)按提供劳务的数量,在辅助生产车间以外的其他受益单位之间进行分配的方法。

这种分配方法下的分配需分两次进行,即先进行内部交互分配,然后进行对外分配。

(1) 内部交互分配。各辅助生产车间之间根据相互提供的劳务量进行分配。其计算公式如下:

$$交互分配率=\frac{某辅助生产车间交互分配前的费用总额}{该辅助车间提供的劳务总量}$$

$$某辅助生产车间应分配的金额=该辅助生产车间耗用的劳务量×交互分配率$$

(2) 对外分配。先计算交互分配后各辅助生产车间的实际成本,再将其实际成本在辅助生产车间以外的受益部门之间进行分配。

第一步,交互分配后各辅助生产车间实际成本的计算公式为:

$$\frac{辅助生产车间}{实际生产成本}=\frac{该辅助生产车间}{费用总额}+\frac{交互分配}{转入的费用}-\frac{交互分配}{转出的费用}$$

第二步,将其实际成本在辅助生产车间以外的受益部门之间进行分配,其计算公式为:

$$\frac{某辅助生产车间}{对外分配率}=\frac{该辅助生产车间实际成本}{对辅助生产车间以外提供的劳务量}$$

$$某受益部门应分配的金额=该受益单位耗用的劳务量×该辅助生产车间对外分配率$$

交互分配法的优点是计算结果相对准确,与直接分配法相比,提高了分配结果的准确性。其缺点是分配方法繁琐,工作量大。该方法一般适用于辅助生产车间不多的企业。

【学中做 2-2】仍沿用[学中做 2-1]中的资料,按交互分配法对辅助生产成本进行分配。

【解答】根据上述资料,计算分配辅助生产成本:
(1) 计算交互分配率:
供水车间交互分配率=6 000÷2 000=3
供电车间交互分配率=8 000÷16 000=0.5
(2) 进行交互分配:
供水车间分配的电费=6 000×0.5=3 000(元)

供电车间分配的水费＝500×3＝1 500(元)
(3) 计算辅助生产车间交互分配后的实际成本：
供水车间交互分配后的实际成本＝6 000＋3 000－1 500＝7 500(元)
供电车间交互分配后的实际成本＝8 000＋1 500－3 000＝6 500(元)
(4) 计算对外分配率：
供水车间对外分配率＝7 500÷(2 000－500)＝5
供电车间对外分配率＝6 500÷(16 000－6 000)＝0.65
(5) 对外分配：
基本生产车间分配的水费＝1 000×5＝5 000(元)
基本生产车间分配的电费＝8 000×0.65＝5 200(元)
行政管理部门分配的水费＝500×5＝2 500(元)
行政管理部门分配的电费＝2 000×0.65＝1 300(元)

二、任务案例

乐淘童车有限公司20×3年2月供电车间和机修车间发生的费用分别为8 000元和6 000元。辅助生产车间劳务数量表，如表2-2所示。分别按直接分配法和交互分配法分配辅助生产车间成本。

表2-2 辅助生产车间劳务数量表
20×3年2月28日

供应对象		供电数量(度)	机修数量(工时)
辅助生产成本	供电车间		500
	机修车间	6 000	
基本生产车间		8 000	1 000
行政管理部门		1 200	300
销售部门		800	200
合计		16 000	2 000

(一) 按直接分配法对辅助生产成本进行分配

根据上述资料，计算分配辅助生产成本。
(1) 计算辅助生产成本分配率：
供电车间分配率＝8 000÷(16 000－6 000)＝0.8
机修车间分配率＝6 000÷(2 000－500)＝4
(2) 对外分配：
基本生产车间分配的电费＝8 000×0.8＝6 400(元)
基本生产车间分配的机修费＝1 000×4＝4 000(元)
行政管理部门分配的电费＝1 200×0.8＝960(元)
行政管理部门分配的机修费＝300×4＝1 200(元)

销售部门分配的电费＝800×0.8＝640(元)
销售部门分配的机修费＝200×4＝800(元)
编制辅助生产成本分配表(直接分配法)，如表2-3所示。

表2-3　　　　　　　　　　　辅助生产成本分配表(直接分配法)
20×3年2月28日　　　　　　　　　　　　　　　　　　　金额单位：元

车间部门名称		供电车间		机修车间		合计
待分配辅助生产成本总额		8 000		6 000		14 000
对辅助生产车间以外各受益部门提供的劳务数量		10 000		1 500		—
对外分配率		0.8		4		—
对外分配		用电量(度)	金额	机修工时(工时)	金额	合计
各受益部门	基本生产车间	8 000	6 400	1 000	4 000	10 400
	行政管理部门	1 200	960	300	1 200	2 160
	销售部门	800	640	200	800	1 440
	合计	10 000	8 000	1 500	6 000	14 000

根据辅助生产成本分配表，编制记账凭证，如表2-4所示。

表2-4　　　　　　　　　　　　　　记账凭证
20×3年2月28日　　　　　　　　　　　　　　　　　　记字　第　35　号

摘要	会计科目		借方金额	贷方金额	记账√
	总账科目	明细科目	千百十万千百十元角分	千百十万千百十元角分	
分配辅助生产成本	制造费用		1 0 4 0 0 0 0		
	管理费用		2 1 6 0 0 0		
	销售费用		1 4 4 0 0 0		
	生产成本	辅助生产成本(供电车间)		8 0 0 0 0 0	
	生产成本	辅助生产成本(机修车间)		6 0 0 0 0 0	
附件1张	合计		¥1 4 0 0 0 0 0	¥1 4 0 0 0 0 0	

记账　　　出纳　　　　　　　审核　　　　　　制单

(二)按交互分配法对辅助生产成本进行分配

根据上述资料，计算分配辅助生产成本。

(1)计算交互分配率：

供电车间交互分配率＝8 000÷16 000＝0.5
机修车间交互分配率＝6 000÷2 000＝3

(2) 进行交互分配：

供电车间分配的机修费=500×3=1 500(元)

机修车间分配的电费=6 000×0.5=3 000(元)

(3) 计算辅助生产车间交互分配后的实际成本：

供电车间交互分配后的实际成本=8 000+1 500-3 000=6 500(元)

机修车间交互分配后的实际成本=6 000+3 000-1 500=7 500(元)

(4) 计算对外分配率：

供电车间对外分配率=6 500÷(16 000-6 000)=0.65

机修车间对外分配率=7 500÷(2 000-500)=5

(5) 对外分配：

基本生产车间分配的电费=8 000×0.65=5 200(元)

基本生产车间分配的机修费=1 000×5=5 000(元)

行政管理部门分配的电费=1 200×0.65=780(元)

行政管理部门分配的机修费=300×5=1 500(元)

销售部门分配的电费=800×0.65=520(元)

销售部门分配的机修费=200×5=1 000(元)

编制辅助生产成本分配表(交互分配法)，如表2-5所示。

表2-5　　　　　　　　　　辅助生产成本分配表(交互分配法)

20×3年2月28日　　　　　　　　　　　　　　　　　　金额单位：元

车间部门名称		供电车间		机修车间		合计
待分配辅助生产成本总额		8 000		6 000		14 000
提供的劳务总量		16 000		2 000		—
交互分配率		0.5		3		—
交互分配		用电量(度)	金额	机修工时(工时)	金额	
各辅助生产车间	供电车间			500	1 500	1 500
	机修车间	6 000	3 000			3 000
交互分配后的实际成本		6 500		7 500		14 000
对辅助生产车间以外受益部门提供的劳务数量		10 000		1 500		—
对外分配率		0.65		5		—
对外分配		用电量(度)	金额	机修工时(工时)	金额	合计
各受益部门	基本生产车间	8 000	5 200	1 000	5 000	10 200
	行政管理部门	1 200	780	300	1 500	2 280
	销售部门	800	520	200	1 000	1 520
合计		10 000	6 500	1 500	7 500	14 000

根据辅助生产成本分配表,编制记账凭证,如表 2-6 所示。

表 2-6　　　　　　　　　　　　　　记账凭证

20×3 年 2 月 28 日　　　　　　　　　　　　　　记字　第 36 号

摘要	会计科目		借方金额	贷方金额	记账 √
	总账科目	明细科目	千百十万千百十元角分	千百十万千百十元角分	
分配辅助生产成本	制造费用		1 0 2 0 0 0 0		
	管理费用		2 2 8 0 0 0		
	销售费用		1 5 2 0 0 0		
	生产成本	辅助生产成本(供电车间)		8 0 0 0 0 0	
	生产成本	辅助生产成本(机修车间)		6 0 0 0 0 0	
附件 1 张	合计		￥1 4 0 0 0 0 0	￥1 4 0 0 0 0 0	

记账　　　　出纳　　　　　　　　　审核　　　　　　　制单

三、任务练习

乐淘童车有限公司 20×3 年 3 月供电车间和机修车间发生的费用分别为 8 000 元和 6 000 元。辅助生产车间劳务数量表,如表 2-7 所示。请分别按直接分配法和交互分配法对辅助生产成本进行分配,编制辅助生产成本分配表(表 2-8 和表 2-10),并编制记账凭证(表 2-9 和表 2-11)。

表 2-7　　　　　　　　　　辅助生产车间劳务数量表

20×3 年 3 月 31 日

供应对象		供电数量(度)	机修数量(工时)
辅助生产成本	供电车间		1 000
	机修车间	7 500	
基本生产车间		9 000	2 000
行政管理部门		2 000	300
销售部门		1 500	200
合计		20 000	3 500

表 2-8　　　　　　　　　辅助生产成本分配表(直接分配法)

年　月　日　　　　　　　　　　　　　　　　　金额单位:元

车间部门名称	供电车间	机修车间	合计
待分配辅助生产成本总额			
对辅助生产车间以外各受益部门提供的劳务数量			—
分配率			

(续表)

车间部门名称		供电车间		机修车间		合计
对外分配		用电量（度）	金额	机修工时（工时）	金额	合计
各受益部门	基本生产车间					
	行政管理部门					
	销售部门					
合计						

表 2-9   记账凭证

年　月　日　　　　　　　　　　　　　　　记字　第　号

摘要	会计科目		借方金额	贷方金额	记账
	总账科目	明细科目	千百十万千百十元角分	千百十万千百十元角分	√
附件　张		合计			

记账　　　出纳　　　　　　　　　审核　　　　　　　制单

表 2-10   辅助生产成本分配表（交互分配法）

年　月　日　　　　　　　　　　　　　　　　　　金额单位：元

车间部门名称		供电车间		机修车间		合计
待分配辅助生产成本总额						
提供的劳务总量						—
交互分配率						—
交互分配		用电量（度）	金额	机修工时（工时）	金额	
各辅助生产车间	供电车间					
	机修车间					
交互分配后的实际成本						
对辅助生产车间以外受益部门提供的劳务数量						—
对外分配率						

(续表)

车间部门名称		供电车间		机修车间		合计
对外分配		用电量（度）	金额	机修工时（工时）	金额	合计
各受益部门	基本生产车间					
	行政管理部门					
	销售部门					
合计						

表 2-11　　　　　　　　　　　　　记账凭证

年　月　日　　　　　　　　　　　　记字　第　　号

摘要	会计科目		借方金额	贷方金额	记账
	总账科目	明细科目	千百十万千百十元角分	千百十万千百十元角分	√
附件　　张	合计				

记账　　　出纳　　　　　　　审核　　　　　　　制单

任务二　制造费用的归集与分配

一、知识准备

（一）制造费用的归集

制造费用是指企业为生产产品和提供劳务所发生的各项间接费用。企业制造费用的归集是通过"制造费用"账户进行的。当制造费用发生时，企业一般不能直接将其计入所生产的产品成本，而应该按费用发生的部门进行归集，月末再采用一定的方法进行分配，将其计入各成本计算对象。

发生制造费用时，应根据有关原始凭证和各种费用分配表，借记"制造费用"账户；月末，将归集在"制造费用"账户借方的费用按照一定的标准进行分配，借记"生产成本——基本生产成本"账户，贷记"制造费用"账户。

（二）制造费用的分配

对于归集汇总后的制造费用，月末应分别根据其受益对象进行相应分配。若某生产车间只生产一种产品或提供一种劳务，制造费用就是直接成本，将该期所归集的所有制造费用直接计入该种产品或该项劳务的成本,不需要进行分配;若某生产车间同时生产两种及两种以上产品或提供两种及两种以上劳务,制造费用则是间接成本,应采用适当的分配方法将制造费用分配计入各产品或劳务的成本项目。此外,由于各生产车间的制造水平不同,制造费用分配时要对各车间分别进行,不能将各车间所发生的制造费用加总求和后在整个企业范围内进行分配。

制造费用的分配方法主要有生产工人工资比例法、生产工人工时比例法、机器工时比例法和年度计划分配率法。无论采用哪种分配方法,企业都应根据分配计算结果,编制制造费用分配表,然后根据制造费用分配表编制记账凭证。

1. 生产工人工资比例法

生产工人工资比例法是指按照计入各种产品成本的生产工人实际工资比例对制造费用进行分配的方法。其计算公式如下:

$$制造费用分配率 = \frac{制造费用总额}{各产品生产工人工资总额}$$

$$某种产品应分配的制造费用 = 该种产品生产工人工资 \times 制造费用分配率$$

【学中做2-3】某公司基本生产车间生产甲、乙两种产品,20×3年2月,实际生产工人工资分别为48 000元和52 000元,本月该车间归集的制造费用总额为20 000元。按照生产工人工资比例法对制造费用进行分配。

【解答】根据上述资料,计算分配制造费用:

制造费用分配率 = 20 000 ÷ (48 000 + 52 000) = 0.2

甲产品应分配的制造费用 = 48 000 × 0.2 = 9 600(元)

乙产品应分配的制造费用 = 52 000 × 0.2 = 10 400(元)

各车间生产工人工资可直接从工资分配表上获得,因此,采用这种分配方法会使实际成本核算工作大大简化。但采用这种分配方法的前提条件是各种产品生产的机械化程度差别不大。如果各种产品生产的机械化程度差别较大,会使机械化程度高而工资成本少的产品少负担制造费用,从而导致制造费用分配不合理,最终影响产品成本的准确性。

2. 生产工人工时比例法

生产工人工时比例法是指按照各种产品所耗生产工人工时比例对制造费用进行分配的方法。其计算公式如下:

$$制造费用分配率 = \frac{制造费用总额}{各产品生产工人工时总额}$$

$$某种产品应分配的制造费用 = 该种产品生产工时 \times 制造费用分配率$$

公式中的工时可以是各种产品所实际耗用的生产工时,也可以是定额工时,应该在保证产品的工时定额准确可靠的前提下进行选择。

【学中做2-4】某公司基本生产车间生产A、B两种产品,20×3年2月,该车间归集的制造费用总额为30 000元。A、B两种产品生产工时分别为2 200小时和1 550小时,按照生产工人工时比例法对制造费用进行分配。

【解答】根据上述资料,计算分配制造费用:

制造费用分配率 = 30 000 ÷ (2 200 + 1 550) = 8

A 产品应分配的制造费用 = 2 200×8 = 17 600(元)
B 产品应分配的制造费用 = 1 550×8 = 12 400(元)

生产工人工时比例法在实际工作中应用较为广泛，分配结果也比较合理。该方法能将劳动生产率的高低与产品应分配的制造费用多少相联系，对于劳动生产率高的产品而言，其所消耗生产工时少，应分配的制造费用就会降低。

3. 机器工时比例法

机器工时比例法是指按照各种产品在生产过程中所耗用机器设备工时比例对制造费用进行分配的方法。其计算公式如下：

$$制造费用分配率 = \frac{制造费用总额}{各产品所耗机器工时总额}$$

$$某种产品应分配的制造费用 = 该种产品所耗机器工时 \times 制造费用分配率$$

这种分配方法适用于产品加工工艺接近、生产机械化程度较高的车间。这种车间发生的制造费用中与机器设备使用的相关费用比重较大，并且机器设备使用的相关费用与机器设备运转时间长短有着密切的关系。

该方法计算步骤与生产工人工时比例法相似，不再举例。

4. 年度计划分配率法

年度计划分配率法是指按照年度开始前预先确定的年度计划分配率对各月发生的制造费用进行分配的方法。该分配方法的分配标准一般选择定额工时。其计算公式如下：

$$\frac{制造费用}{年度计划分配率} = \frac{制造费用全年}{计划数} \div \frac{全年各产品}{计划产量的定额工时总数}$$

$$\frac{某种产品应分配}{的制造费用} = \frac{当月该种产品}{实际产量的定额工时数} \times \frac{制造费用}{年度计划分配率}$$

【学中做 2-5】某公司基本生产车间 20×3 年度制造费用预算总额为 112 500 元。该公司生产丙、丁两种产品，其中：丙产品全年预计产量为 1 500 件，丁产品全年预计产量为 2 000 件。单位产品的定额工时为：丙产品 3 小时，丁产品 1.5 小时。20×3 年 2 月，该生产部门实际生产丙产品和丁产品的数量分别为 200 件和 100 件，当月实际发生的制造费用金额为 12 000 元。按照年度计划分配率法对制造费用进行分配。

【解答】根据上述资料，计算分配制造费用：

制造费用年度计划分配率 = 112 500÷(1 500×3+2 000×1.5) = 15
丙产品应分配的制造费用 = (200×3)×15 = 9 000(元)
丁产品应分配的制造费用 = (100×1.5)×15 = 2 250(元)

在这种分配方法下，无论各月份实际发生制造费用的金额是多少，每月各种产品成本中的制造费用均按年度计划分配率进行分配。但由于"制造费用"账户借方记录的是实际发生的制造费用金额，贷方转出数额是计划分配的制造费用金额，这两者很可能不完全一致。"制造费用"账户在月末时很可能存在期末余额，余额可能在借方，也可能在贷方。

无论期末余额是借方余额还是贷方余额，在年度内均不需作调整，而是在年终时将差额一次计入 12 月份的产品成本中。如果年度实际发生额大于计划分配额，用蓝字补足，借记

"生产成本——基本生产成本"账户,贷记"制造费用"账户;反之,则用红字冲回,红字借记"生产成本——基本生产成本"账户,贷记"制造费用"账户。

二、任务案例

乐淘童车有限公司20×3年2月基本生产车间发生的制造费用为28 000元,小推车生产工时为5 000小时,滑板车生产工时为3 000小时,按照生产工人工时比例法对制造费用进行分配。

根据上述资料,计算分配制造费用:

制造费用分配率=28 000÷(5 000+3 000)=3.5

小推车应分配的制造费用=5 000×3.5=17 500(元)

滑板车应分配的制造费用=3 000×3.5=10 500(元)

据此编制制造费用分配表,如表2-12所示。

表2-12　　　　　　　　　　　制造费用分配表

20×3年2月28日

应借账户		生产工时(小时)	分配率	分配金额(元)
生产成本	基本生产成本(小推车)	5 000	3.5	17 500
	基本生产成本(滑板车)	3 000		10 500
合计		8 000		28 000

根据制造费用分配表,编制记账凭证,如表2-13所示。

表2-13　　　　　　　　　　　记账凭证

20×3年2月28日　　　　　　　　　　　　　　记字　第 40 号

摘要	会计科目		借方金额	贷方金额	记账
	总账科目	明细科目	千百十万千百十元角分	千百十万千百十元角分	√
分配制造费用	生产成本	基本生产成本——小推车(制造费用)	1 7 5 0 0 0 0		
	生产成本	基本生产成本——滑板车(制造费用)	1 0 5 0 0 0 0		
	制造费用			2 8 0 0 0 0 0	
附件1张	合计		¥2 8 0 0 0 0 0	¥2 8 0 0 0 0 0	

记账　　　出纳　　　　　　　　审核　　　　　　制单

三、任务练习

乐淘童车有限公司20×3年3月基本生产车间发生的制造费用为31 500元。小推车生产工时为4 000小时、滑板车生产工时为3 000小时。

要求：按照生产工人工时比例法对制造费用进行分配，编制制造费用分配表（表2-14），并填制记账凭证（表2-15）。

表2-14　　　　　　　　　　　　　制造费用分配表

年　月　日

应借账户	生产工时（小时）	分配率	分配金额（元）
合计			

表2-15　　　　　　　　　　　　　记账凭证

年　月　日　　　　　　　　　　　　　记字　第　号

摘要	会计科目		借方金额	贷方金额	记账√
	总账科目	明细科目	千百十万千百十元角分	千百十万千百十元角分	
附件　张	合计				

记账　　　　出纳　　　　　　　　　　审核　　　　　　　　　　制单

项目测评

一、单项选择题

1. "生产成本——辅助生产成本"账户月末（　　）。

　A. 一定没有余额　　　　　　　　　　B. 如果有余额，余额一定在贷方

　C. 如果有余额，余额一定在借方　　　D. 可能有借方或贷方余额

2. 直接分配法的优点是（　　）。

　A. 计算工作简单

　B. 便于考核和评价辅助生产车间的成本发生情况

　C. 分配结果最正确

　D. 计算工作量大

3. 将辅助生产车间发生的各项成本直接分配给辅助生产车间以外的各受益单位，这种分配方法称为（　　）。

　A. 直接分配法　　　B. 交互分配法　　　C. 计划成本分配法　　　D. 代数分配法

4. 在采用交互分配法分配辅助生产成本的情况下，各辅助生产车间交互分配后的实际成本等于（　　）。

　A. 交互分配前的成本

B. 交互分配前的成本加上交互分配转入的成本
C. 交互分配前的成本减去交互分配转出的成本
D. 交互分配前的成本加上交互分配转入的成本,减去交互分配转出的成本

5. 辅助生产成本的直接分配法,是在(　　)之间进行分配。
   A. 各受益单位　　　　　　　　　　B. 受益的各辅助生产车间
   C. 辅助生产车间以外的其他受益单位　　D. 受益的各基本生产车间

6. "制造费用"账户按照(　　)设置明细账。
   A. 往来单位　　　　　　　　　　　B. 产品种类
   C. 不同的生产车间或部门　　　　　D. 材料种类及规格

7. 基本生产车间领用的办公桌椅等,应记入(　　)账户的借方。
   A. "管理费用"　　B. "生产成本"　　C. "周转材料"　　D. "制造费用"

8. 生产车间管理人员的工资,应记入(　　)账户。
   A. "管理费用"　　B. "生产成本"　　C. "制造费用"　　D. "销售费用"

9. 采用(　　)对制造费用进行分配,企业应事先对全年发生的制造费用总额和定额标准数予以预计。
   A. 生产工人工资比例法　　　　　　B. 生产工人工时比例法
   C. 机器工时比例法　　　　　　　　D. 年度计划分配率法

10. 制造业企业一般设置的成本项目不包括(　　)。
    A. 直接材料　　B. 直接人工　　C. 管理费用　　D. 制造费用

二、多项选择题

1. 企业进行辅助生产成本分配时,可能借记的账户有(　　)。
   A. "生产成本——基本生产成本"　　B. "管理费用"
   C. "生产成本——辅助生产成本"　　D. "制造费用"

2. 辅助生产成本的分配方法主要有(　　)。
   A. 直接分配法　　B. 交互分配法　　C. 计划成本分配法　　D. 代数分配法

3. 分配或结转辅助生产成本时,可能涉及的账户有(　　)。
   A. "生产成本——基本生产成本"　　B. "周转材料——低值易耗品"
   C. "生产成本——辅助生产成本"　　D. "制造费用"

4. 企业在对制造费用进行实际分配的过程中,通常采用的方法有(　　)。
   A. 生产工人工资比例法　　　　　　B. 生产工人工时比例法
   C. 机器工时比例法　　　　　　　　D. 年度计划分配率法

5. 下列费用中,应计入制造费用的有(　　)。
   A. 车间机器设备的折旧费用　　　　B. 车间管理人员的工资
   C. 厂部管理人员工资　　　　　　　D. 车间机物料消耗

三、判断题

1. 企业在只有一个辅助生产车间的情况下,才能采用直接分配法分配辅助生产成本。
   (　　)

2. 辅助生产成本的归集,是通过"生产成本——辅助生产成本"账户来进行的。(　　)

3. 采用交互分配法分配辅助生产成本,其分配的结果比采用直接分配法的计算结果准确。（ ）

4. 制造费用分配方法是由企业自行决定的,因此,企业可以随意变更制造费用分配方法。（ ）

5. 某企业各车间的制造水平不同,可以将制造费用加总后在整个企业范围内进行分配。（ ）

四、实训题

1. 某企业设有修理和运输两个辅助生产车间。修理车间20×3年5月发生费用5 000元,提供修理工时2 500小时,其中:为运输部门修理500小时,为基本生产车间修理1 500小时,为行政管理部门修理500小时;运输部门本月发生的费用为10 500元,运输材料物资等7 400吨公里,其中:为修理车间提供运输劳务400吨公里,为基本生产车间提供运输劳务5 400吨公里,为行政管理部门提供运输劳务1 600吨公里。

要求:采用直接分配法计算分配修理、运输费用,写出计算过程,并编制对外分配的会计分录。

2. 某设备制造有限责任公司设置修理和运输两个辅助生产车间。修理车间20×3年5月发生费用19 000元,提供劳务20 000小时,其中:为运输部门修理1 000小时,为基本生产车间修理16 000小时,为行政管理部门修理3 000小时;运输部门本月发生的费用20 000元,提供运输40 000吨公里,其中:为修理车间提供运输劳务1 500吨公里,为基本生产车间提供运输劳务30 000吨公里,为行政管理部门提供运输劳务8 500吨公里。

要求:采用交互分配法计算分配修理、运输费用,写出计算过程,并编制对外分配的会计分录。

3. 某公司设有一个基本生产车间,生产甲、乙、丙三种产品。20×3年5月,该车间发生如下经济业务:

(1) 该公司本月共发放工资180 000元,其中:产品生产工人工资为104 000元,车间管理人员工资为19 800元,厂部管理人员工资为20 200元,销售人员工资为36 000元。

(2) 5月31日,该公司本月计提折旧8 500元,其中:车间固定资产计提折旧5 890元,管理部门计提折旧1 800元,销售部门计提折旧810元。

(3) 5月31日,该公司收到银行转来的水电收费单据,共支付2 856元(不考虑进项税)。其中:基本生产车间负担1 482元,企业管理部门负担980元,销售部门负担394元。

(4) 该车间5月份生产甲、乙、丙三种产品所消耗的生产工人工时数具体如下:甲产品生产工人工时数为3 500小时,乙产品生产工人工时数为2 500小时,丙产品生产工人工时数为2 950小时。

要求:编制上述各项经济业务所对应的会计分录,按生产工人工时比例法分配制造费用,并根据分配结果编制相应的会计分录。

 思政之窗

"博学之,审问之,慎思之,明辨之,笃行之。"同学们在学习和工作中要学会慎思明辨,注重提高自身的职业判断能力。成本费用处理中不起眼的小差错,累积起来后,也可能使企业经营"伤筋动骨"。

项目三　生产费用在完工产品与月末在产品之间的分配

项目描述

本项目的主要内容是生产费用在完工产品与月末在产品之间的分配。企业应根据生产方式和企业成本管理要求,选择适当的计算方法,将生产费用在完工产品与月末在产品之间进行分配,计算出完工产品成本和月末在产品成本,据以反映和监督各种产品成本计划的完成情况。

学习目标

【知识目标】

1. 掌握各生产费用在完工产品与月末在产品之间的分配方法。
2. 掌握结转完工产品成本的账务处理。

【技能目标】

1. 能准确编制各种产品成本计算表。
2. 能正确进行结转完工产品成本的账务处理。

【素质目标】

培养学生严谨认真的职业素养。

思维导图

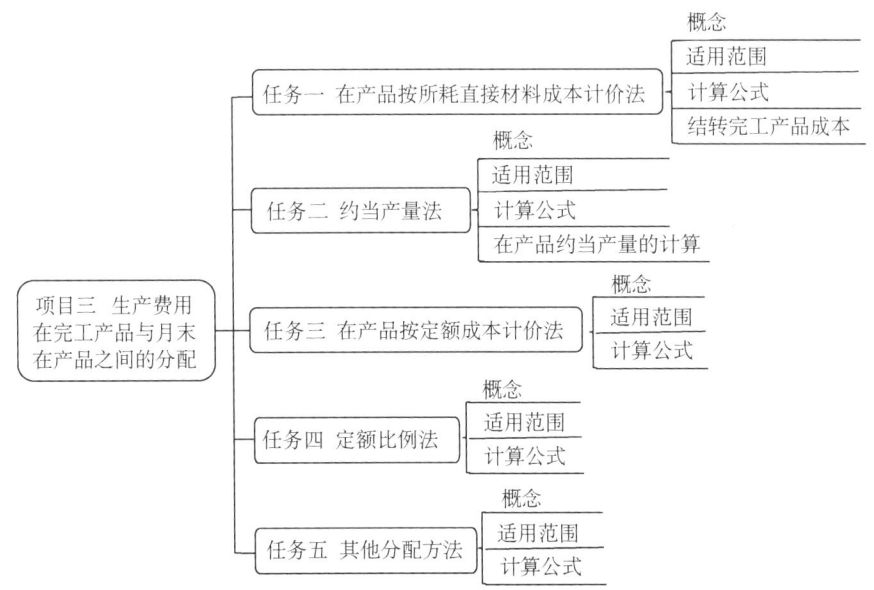

 项目导入

期末生产费用在完工产品与在产品之间分配的方法主要有不计算在产品成本法、在产品按固定成本计算法、在产品按所耗直接材料成本计价法、约当产量法、在产品按定额成本计价法和定额比例法等。这些分配方法有何不同？分别适用于何种生产管理情况？

任务一　在产品按所耗直接材料成本计价法

一、知识准备

（一）在产品按所耗直接材料成本计价法的概念

在产品按所耗直接材料成本计价法是指月末在产品成本只计算直接材料费用，而将直接人工、制造费用等加工费用全部计入当月完工产品成本的方法。生产费用总额减去月末在产品的直接材料费用，就是完工产品的成本。

（二）适用范围

在产品按所耗直接材料成本计价法适用于月末在产品数量多且数量变化较大，原材料在生产开始时一次性全部投入且在产品成本中所占比重较大的产品。

（三）计算公式

在产品按所耗直接材料成本计价法的计算公式如下：

$$直接材料费用分配率 = \frac{期初直接材料费用 + 本月发生直接材料费用}{完工产品数量 + 月末在产品数量}$$

$$月末在产品成本 = 月末在产品数量 \times 直接材料费用分配率$$

$$本月完工产品成本 = 月初在产品成本 + 本月生产费用 - 月末在产品成本$$

【学中做3-1】某公司20×3年6月初甲产品的在产品数量为60件，本月投产240件。月初在产品成本为2 400元。本月发生费用：直接材料48 000元，直接人工6 000元，制造费用2 000元。本月完工产品280件，月末在产品20件。材料在月初一次性投入。该企业采用在产品按所耗直接材料成本计价法在完工与在产品之间进行分配（结果保留两位小数）。

【解答】该公司计算本月甲产品完工产品成本如下：

直接材料费用分配率 = (2 400 + 48 000) ÷ (280 + 20) = 168

月末在产品成本 = 20 × 168 = 3 360（元）

本月完工产品成本 = 2 400 + 48 000 + 6 000 + 2 000 − 3 360 = 55 040（元）

完工产品单位成本 = 55 040 ÷ 280 = 196.57（元）

（四）结转完工产品成本

企业根据产品入库单、产品成本计算单和产成品成本汇总表等资料，对完工产品的成本进行结转，借记"库存商品""原材料""周转材料"账户，贷记"生产成本——基本生产成本"账户的各明细账户。

结转后，"生产成本——基本生产成本"账户的借方余额，就是月末在产品的成本，也就

是生产过程中占用的生产资金。

二、任务案例

耀辉科技有限公司生产蓝牙音箱,该产品 20×3 年 6 月初的在产品数量为 30 件,本月投产 370 件。月初在产品成本为 1 800 元。本月发生费用:直接材料 28 000 元,直接人工 8 000 元,制造费用 4 000 元。本月完工产品 380 件,月末在产品 20 件。材料在月初一次性投入。该企业采用在产品按所耗直接材料成本计价法在完工与在产品之间进行分配(结果保留两位小数)。

该企业计算本月蓝牙音箱完工产品成本如下:

直接材料费用分配率=(1 800+28 000)÷(380+20)=74.5

月末在产品成本=20×74.5=1 490(元)

本月完工产品成本=1 800+28 000+8 000+4 000-1 490=40 310(元)

完工产品单位成本=40 310÷380=106.08(元)

根据上述资料,编制产品成本计算表,如表 3-1 所示。

表 3-1　　　　　　　　　　　　　产品成本计算表

产品:蓝牙音箱
完工数量:380 件
在产品数量:20 件　　　　　　　　　　　20×3 年 6 月　　　　　　　　　　金额单位:元

成本项目	直接材料	直接人工	制造费用	合计
月初在产品成本	1 800			1 800
本月发生生产费用	28 000	8 000	4 000	40 000
生产费用合计	29 800	8 000	4 000	41 800
材料费用分配率	74.5			
月末在产品成本	1 490			
完工产品成本	28 310	8 000	4 000	40 310
完工产品成本单位成本(元/件)	74.5	21.05	10.53	106.08

根据产品成本计算表,编制结转完工产品成本的记账凭证,如 3-2 所示。

表 3-2　　　　　　　　　　　　　　记账凭证

20×3 年 6 月 30 日　　　　　　　　　　　　　　　　　记字 第 102 号

摘要	会计科目		借方金额	贷方金额	记账
	总账科目	明细科目	千百十万千百十元角分	千百十万千百十元角分	√
结转完工产品成本	库存商品	蓝牙音箱	4 0 3 1 0 0 0		
	生产成本	基本生产成本——蓝牙音箱(直接材料)		2 8 3 1 0 0 0	

(续表)

摘要	会计科目		借方金额	贷方金额	记账
	总账科目	明细科目	千百十万千百十元角分	千百十万千百十元角分	√
	生产成本	基本生产成本——蓝牙音箱（直接人工）		8 0 0 0 0 0	
	生产成本	基本生产成本——蓝牙音箱（制造费用）		4 0 0 0 0 0	
附件1张	合计		¥4 0 3 1 0 0 0	¥4 0 3 1 0 0 0	

记账　　　　出纳　　　　　　　审核　　　　　　　制单

三、任务练习

20×3年8月初，耀辉科技有限公司蓝牙音箱的在产品数量为20件，本月投产380件。月初在产品成本为4 000元。本月发生费用：直接材料41 000元，直接人工10 000元，制造费用8 000元。本月完工产品为360件，月末在产品为40件。材料在月初一次性投入。采用在产品按所耗直接材料成本计价法在完工产品与在产品之间进行分配（计算结果保留两位小数）。

请根据上述资料，编制产品成本计算表（表3-3），并编制相应的记账凭证（表3-4）。

表3-3　　　　　　　　　　　　产品成本计算表

产品：
完工数量：
在产品数量：　　　　　　　　　　　　年　月　　　　　　　　　金额单位：元

成本项目	直接材料	直接人工	制造费用	合计
月初在产品成本				
本月发生生产费用				
生产费用合计				
材料费用分配率				
月末在产品成本				
完工产品成本				
完工产品单位成本（元/件）				

表3-4　　　　　　　　　　　　记账凭证

　　　　　　　　　　　　　　　年　月　日　　　　　　　　　记字　第　号

摘要	会计科目		借方金额	贷方金额	记账
	总账科目	明细科目	千百十万千百十元角分	千百十万千百十元角分	√

(续表)

摘要	会计科目		借方金额	贷方金额	记账
	总账科目	明细科目	千百十万千百十元角分	千百十万千百十元角分	√
附件　张		合计			

记账　　　　出纳　　　　　　　　审核　　　　　　　　制单

任务二　约当产量法

一、知识准备

(一) 约当产量法的概念

约当产量法也称约当量比例法,是指把月末在产品数量按其完工程度折合为相当于完工产品的产量(即约当产量),然后按照完工产品产量和在产品约当产量的比例分配生产费用,计算完工产品成本和月末在产品成本的方法。

(二) 适用范围

该方法适用于月末在产品数量多且数量变化较大,各生产成本项目在产品成本中的比重相差不大的产品。

(三) 计算公式

约当产量法的计算公式如下:

$$在产品约当产量 = 月末在产品数量 \times 完工程度$$

$$各项费用分配率 = \frac{月初在产品费用 + 本月发生费用}{完工产品数量 + 月末在产品约当产量}$$

$$完工产品成本 = 完工产品数量 \times 各项费用分配率$$

$$月末在产品成本 = 月末在产品约当产量 \times 各项费用分配率$$

(四) 在产品约当产量的计算

在产品约当产量的计算是约当产量法的关键,而计算在产品约当产量用到的完工程度由完工程度(用于分配直接人工、制造费用)和投料程度(用于分配直接材料)确定。

1. 完工程度的计算

产品成本中的直接人工和制造费用项目一般是在生产过程中均匀投入的,因此,在计算在产品约当产量时,两者可以按同一完工程度进行计算。在产品加工费用完工程度的计算公式如下:

$$某工序在产品完工程度 = \frac{前面各工序工时定额之和 + 本工序定额工时 \times 50\%}{产品工时定额}$$

该计算公式中,假设所生产的在产品在各工序的在产品数量相差不多,且单位产品在各工序的加工量也相差不大,尽管该工序中的各项在产品的完工程度不同,为了简化测算工作,本工序的在产品完工程度按50%平均折合计算。该工序之前的各道工序已经完成,所以,前面各道工序的工时定额均以100%计算。通过计算出的在产品完工程度与月末在产品数量,确定月末在产品约当产量,据以分配加工费用。

【学中做3-2】某公司A产品的工时定额为20小时,经过两道工序完成:第一道工序定额工时为12小时,第二道工序的定额工时为8小时。20×3年5月,两道工序在产品数量分别为20件和100件。计算该产品各工序在产品完工程度及月末在产品约当产量。

【解答】各工序在产品完工程度及月末在产品约当产量计算如下:

第一道工序在产品的完工程度=12×50%÷20=30%

第二道工序在产品的完工程度=(12+8×50%)÷20=80%

月末在产品约当产量=20×30%+100×80%=86(件)

2. 投料程度的计算

投料程度与原材料的投料方式密切相关,企业原材料的投料方式有在生产开始时一次性投入、生产过程中陆续投入和各工序开始时一次性投入三种。

(1)原材料在生产开始时一次性投入。在产品直接材料的投料方式如果是在生产开始时一次性投入,则每件完工产品和在产品所耗用的直接材料费用相同,即直接材料的在产品完工程度为100%,月末在产品约当产量就是月末在产品数量。

(2)原材料在生产过程中陆续投入。原材料在生产过程中随着加工进度陆续投入,则产品所耗用的直接材料与所耗加工费用进度相同。直接材料投料程度与加工费用完工程度的计算公式相同:

$$\frac{某工序在产品}{直接材料完工程度} = \frac{前面各工序材料定额之和+本工序材料定额×50\%}{产品材料定额}$$

【学中做3-3】某公司B产品的直接材料定额为200千克,经过三道工序完成,第一至第三道工序的材料消耗定额分别为100千克、60千克和40千克。20×3年5月,三道工序在产品数量分别为10件、20件和40件。原材料在生产过程中陆续投入。计算该产品各工序在产品投料程度及月末在产品直接材料约当产量。

【解答】各工序在产品投料程度及月末在产品约当产量计算如下:

第一道工序在产品的直接材料完工程度=(100×50%)÷200=25%

第二道工序在产品的直接材料完工程度=(100+60×50%)÷200=65%

第三道工序在产品的直接材料完工程度=(100+60+40×50%)÷200=90%

月末在产品直接材料约当产量=10×25%+20×65%+40×90%=51.5(件)

(3)原材料在各工序开始时一次性投入。在产品原材料在每个工序开始时一次性投入,本工序投料程度为100%,则某工序在产品直接材料投料程度的计算公式为:

$$\frac{某工序在产品}{直接材料完工程度} = \frac{前面各工序材料定额之和+本工序材料定额}{产品材料定额}$$

【学中做3-4】某公司丙产品的直接材料定额为200千克,经过三道工序完成,第一至第三道工序的材料消耗定额分别为 100 千克、60 千克和 40 千克。20×3 年 5 月,三道工序在产品数量分别为 10 件、20 件和 40 件。原材料在各工序开始时一次性投入。计算该产品各工序在产品投料程度及月末在产品直接材料约当产量。

【解答】各工序在产品投料程度及月末在产品约当产量计算如下:

第一道工序在产品的直接材料完工程度 = 100÷200×100% = 50%

第二道工序在产品的直接材料完工程度 = (100+60)÷200×100% = 80%

第三道工序在产品的直接材料完工程度 = (100+60+40)÷200×100% = 100%

月末在产品直接材料约当产量 = 10×50%+20×80%+40×100% = 61(件)

二、任务案例

锦华箱包有限公司生产女士皮包,该产品 20×3 年 5 月完工 600 件,月末在产品 100 件,月末在产品的完工程度按 50% 计算。产品生产成本资料表,如表 3-5 所示。

表 3-5　　　　　　　　　　　产品生产成本资料表

产品:女士皮包　　　　　　　　20×3 年 5 月　　　　　　　　　　单位:元

成本项目	直接材料	直接人工	制造费用	合计
月初在产品成本	1 000	800	600	2 400
本月发生生产费用	15 100	7 000	8 500	30 600
生产费用合计	16 100	7 800	9 100	33 000

(一) 原材料在生产开始时一次性投入

若原材料在生产开始时一次性投入,按照约当产量法进行分配,编制产品成本计算表,如表 3-6 所示。

表 3-6　　　　　　　　　　　产品成本计算表

产品:女士皮包
完工数量:600 件
在产品数量:100 件　　　　　　20×3 年 5 月　　　　　　　　金额单位:元

成本项目	直接材料	直接人工	制造费用	合计
月初在产品成本	1 000	800	600	2 400
本月发生生产费用	15 100	7 000	8 500	30 600
生产费用合计	16 100	7 800	9 100	33 000
月末在产品约当产量(件)	100	50	50	—
完工产品产量(件)	600	600	600	—
约当产量合计(件)	700	650	650	—
完工产品单位成本(元/件)	23	12	14	49
完工产品成本	13 800	7 200	8 400	29 400
月末在产品成本	2 300	600	700	3 600

根据产品成本计算表,编制记账凭证,如表 3-7 所示。

表 3-7 记账凭证

20×3 年 5 月 31 日　　　　　　　　　　　　　　　　记字　第　67　号

摘要	会计科目		借方金额	贷方金额	记账 √
	总账科目	明细科目	千百十万千百十元角分	千百十万千百十元角分	
结转完工产品成本	库存商品	女士皮包	2 9 4 0 0 0 0		
	生产成本	基本生产成本——女士皮包（直接材料）		1 3 8 0 0 0 0	
	生产成本	基本生产成本——女士皮包（直接人工）		7 2 0 0 0 0	
	生产成本	基本生产成本——女士皮包（制造费用）		8 4 0 0 0 0	
附件 1 张	合计		¥2 9 4 0 0 0 0	¥2 9 4 0 0 0 0	

记账　　　　　出纳　　　　　　　审核　　　　　　　制单

（二）原材料在生产过程中陆续投入

若原材料在生产过程中陆续投入,按照约当产量法进行分配,编制产品成本计算表,如表 3-8 所示(计算结果保留两位小数)。

表 3-8 产品成本计算表

产品:女士皮包
完工数量:600 件
在产品数量:100 件　　　　　　20×3 年 5 月　　　　　　金额单位:元

成本项目	直接材料	直接人工	制造费用	合计
月初在产品成本	1 000	800	600	2 400
本月发生生产费用	15 100	7 000	8 500	30 600
生产费用合计	16 100	7 800	9 100	33 000
月末在产品约当产量(件)	50	50	50	—
完工产品产量(件)	600	600	600	
约当产量合计(件)	650	650	650	
完工产品单位成本(元/件)	24.77	12	14	50.77
完工产品成本	14 862	7 200	8 400	30 462
月末在产品成本	1 238	600	700	2 538

注:分配率不能整除时,先计算完工产品成本,再倒挤在产品成本。

根据产品成本计算表,编制记账凭证,如表 3-9 所示。

表 3-9　　　　　　　　　　　　　记账凭证

20×3 年 5 月 31 日　　　　　　　　　　　记字　第　71　号

摘要	会计科目		借方金额	贷方金额	记账
	总账科目	明细科目	千百十万千百十元角分	千百十万千百十元角分	√
结转完工产品成本	库存商品	女士皮包	3 0 4 6 2 0 0		
	生产成本	基本生产成本——女士皮包（直接材料）		1 4 8 6 2 0 0	
	生产成本	基本生产成本——女士皮包（直接人工）		7 2 0 0 0 0	
	生产成本	基本生产成本——女士皮包（制造费用）		8 4 0 0 0 0	
附件 1 张	合计		￥3 0 4 6 2 0 0	￥3 0 4 6 2 0 0	

记账　　　出纳　　　　　　　审核　　　　　　　制单

三、任务练习

20×3 年 7 月，锦华箱包有限公司女士皮包完工 700 件，月末在产品 200 件，月末在产品的完工程度按 50% 计算。产品生产成本资料表，如表 3-10 所示。

表 3-10　　　　　　　　　　产品生产成本资料表

产品：女士皮包　　　　20×3 年 7 月　　　　　　　　　　　单位：元

成本项目	直接材料	直接人工	制造费用	合计
月初在产品成本	4 000	2 000	1 000	7 000
本月发生生产费用	8 800	2 800	1 400	13 000
生产费用合计	12 800	4 800	2 400	20 000

按照约当产量法进行分配，按原材料不同投料方式，编制产品成本计算表（表 3-11 和表 3-13），所有计算结果均保留两位小数，并编制相应的记账凭证（表 3-12 和表 3-14）。

表 3-11　　　　　　　　产品成本计算表（原材料在生产开始时一次性投入）

产品：
完工数量：
在产品数量：　　　　　　　　　　年　　月　　　　　　　　　金额单位：元

成本项目	直接材料	直接人工	制造费用	合计
月初在产品成本				
本月发生生产费用				
生产费用合计				

(续表)

成本项目	直接材料	直接人工	制造费用	合计
月末在产品约当产量(件)				
完工产品产量(件)				
约当产量合计(件)				
完工产品成本				
完工产品单位成本(元/件)				
月末在产品成本				

表 3-12　　　　　　　　　　　　　　　记账凭证

年　月　日　　　　　　　　　　　　　　　　　　　　　记字　第　号

| 摘要 | 会计科目 | | 借方金额 | 贷方金额 | 记账 √ |
	总账科目	明细科目	千百十万千百十元角分	千百十万千百十元角分	
附件　张		合计			

记账　　　出纳　　　　　　　　　审核　　　　　　　制单

表 3-13　　　　　　产品成本计算表(原材料在生产过程中陆续投入)

产品：
完工数量：
在产品数量：　　　　　　　　　　年　月　　　　　　　　金额单位：元

成本项目	直接材料	直接人工	制造费用	合计
月初在产品成本				
本月发生生产费用				
生产费用合计				
月末在产品约当产量(件)				
完工产品产量(件)				
约当产量合计(件)				
完工产品成本				
完工产品单位成本(元/件)				
月末在产品成本				

表 3-14　　　　　　　　　　　　　　记账凭证

　　　　　　　　　　　　　　　　年　月　日　　　　　　　　　记字　第　号

摘要	会计科目		借方金额	贷方金额	记账
	总账科目	明细科目	千百十万千百十元角分	千百十万千百十元角分	√
附件　张	合计				

记账　　　出纳　　　　　　审核　　　　　　　制单

任务三　在产品按定额成本计价法

一、知识准备

（一）在产品按定额成本计价法的概念

在产品按定额成本计价法也称在产品按定额成本估价扣除法，是指用事先核定的单位定额成本计算月末在产品成本的方法。

（二）适用范围

在产品按定额成本计价法适用于各月在产品数量变动不大，而且各项消耗定额比较准确、稳定的产品。

（三）计算公式

在产品按定额成本计价法的计算公式如下：

月末在产品成本＝月末在产品数量×在产品单位定额成本

本月完工产品成本＝月初在产品成本＋本月生产费用－月末在产品成本

【学中做 3-5】某公司生产 E 产品，20×3 年 6 月完工产品 300 件，月末在产品 100 件。月初在产品成本为 4 000 元，本月发生生产费用：直接材料 18 000 元（在生产开始时一次性投入），直接人工 2 000 元，制造费用 1 000 元。在产品单位定额成本为：直接材料 50 元，直接人工 5 元，制造费用 2 元。

【解答】相关计算如下：

月末在产品成本＝(50＋5＋2)×100＝5 700(元)

本月完工产品成本＝4 000＋18 000＋2 000＋1 000－5 700＝19 300(元)

本月完工产品单位成本＝19 300÷300＝64.33(元)

二、任务案例

辉腾家电有限公司生产洗衣机,20×3年6月完工产品100台,月末在产品20台。月初在产品成本合计1 500元,其中:直接材料800元,直接人工500元,制造费用200元。本月发生生产费用:直接材料9 000元(在生产开始时一次性投入),直接人工6 000元,制造费用3 000元。在产品单位定额成本为:直接材料80元,直接人工20元,制造费用10元。

按照在产品定额成本计价法进行分配,编制产品成本计算表,如表3-15所示。

表3-15　　　　　　　　　　　　产品成本计算表

产品:洗衣机
完工产品数量:100台
在产品数量:20台　　　　　　　　　20×3年6月　　　　　　　　　金额单位:元

成本项目	直接材料	直接人工	制造费用	合计
月初在产品成本	800	500	200	1 500
本月发生生产费用	9 000	6 000	3 000	18 000
生产费用合计	9 800	6 500	3 200	19 500
月末在产品成本	1 600	400	200	2 200
完工产品成本	8 200	6 100	3 000	17 300
完工产品单位成本(元/件)	82	61	30	173

根据产品成本计算表,编制记账凭证,如表3-16所示。

表3-16　　　　　　　　　　　　记账凭证

20×3年6月30日　　　　　　　　　　　　　　　记字　第 51 号

摘要	会计科目		借方金额	贷方金额	记账√
	总账科目	明细科目	千百十万千百十元角分	千百十万千百十元角分	
结转完工产品成本	库存商品	洗衣机	1 7 3 0 0 0 0		
	生产成本	基本生产成本——洗衣机（直接材料）		8 2 0 0 0 0	
	生产成本	基本生产成本——洗衣机（直接人工）		6 1 0 0 0 0	
	生产成本	基本生产成本——洗衣机（制造费用）		3 0 0 0 0 0	
附件1张	合计		¥1 7 3 0 0 0 0	¥1 7 3 0 0 0 0	

记账　　　　出纳　　　　　　　　　审核　　　　　　　　制单

三、任务练习

20×3年8月,辉腾家电有限公司洗衣机的完工产品800台,月末在产品100台。月初在产品成本合计4 000元,其中:直接材料2 000元,直接人工1 000元,制造费用1 000元。本月发生生产费用:直接材料40 000元(在生产开始时一次性投入),直接人工20 000元,制造费用20 000元。在产品单位定额成本为:直接材料20元,直接人工10元,制造费用10元。

按照在产品定额成本计价法进行分配,编制产品成本计算表(表3-17),并编制相应的记账凭证(表3-18)。

表3-17　　　　　　　　　　　　　　产品成本计算表

产品:
完工产品数量:
在产品数量:　　　　　　　　　　　　年　月　　　　　　　　　　　　金额单位:元

成本项目	直接材料	直接人工	制造费用	合计
月初在产品成本				
本月发生生产费用				
生产费用合计				
月末在产品成本				
完工产品成本				
完工产品单位成本(元/件)				

表3-18　　　　　　　　　　　　　　　记账凭证

　　　　　　　　　　　　　　　年　月　日　　　　　　　　　　　　　　记字　第　号

摘要	会计科目		借方金额	贷方金额	记账√
	总账科目	明细科目	千百十万千百十元角分	千百十万千百十元角分	
附件　张	合计				

记账　　　　　出纳　　　　　　　　审核　　　　　　　　制单

任务四　定额比例法

一、知识准备

(一) 定额比例法的概念

定额比例法是指产品的生产费用按照完工产品和月末在产品的定额消耗量或定额费用

的比例,分配计算完工产品成本和月末在产品成本的方法。其中,直接材料成本按直接材料的定额消耗量或定额成本比例分配;直接人工、制造费用等加工成本,可以按定额成本比例分配,也可按定额工时比例分配。

(二) 适用范围

该方法适用于企业定额管理较好,各项消耗定额比较健全、稳定,且各月月末在产品数量变动较大的产品。

(三) 计算公式

定额比例法的计算公式如下:

$$费用分配率=\frac{月初在产品费用+本月生产费用}{完工产品定额耗用量或定额成本+月末在产品定额耗用量或定额成本}$$

$$完工产品某项目实际成本=该项目费用分配率\times\begin{matrix}完工产品该项目定额\\消耗量或定额成本\end{matrix}$$

$$月末在产品某项目实际成本=该项目费用分配率\times\begin{matrix}月末在产品该项目定额\\消耗量或定额成本\end{matrix}$$

【学中做 3-6】 某公司生产 H 产品。20×3 年 6 月,H 产品完工数量为 2 000 件,其原材料定额成本为每件产品 20 元,工时定额为每件产品 2 小时。月末在产品数量为 200 件,其原材料费用定额为每件产品 10 元,工时定额为每件产品 1 小时。产品成本资料表,如表 3-19 所示。

表 3-19　　　　　　　　　　　　产品成本资料表

产品:H 产品　　　　　　　　　20×3 年 6 月　　　　　　　　　　　　单位:元

成本项目	直接材料	直接人工	制造费用	合计
月初在产品成本	40 000	2 000	1 000	43 000
本月发生生产费用	86 000	4 300	3 200	93 500
生产费用合计	126 000	6 300	4 200	136 500

【解答】

(1) 计算定额成本:

完工产品直接材料定额成本=2 000×20=40 000(元)

月末在产品直接材料定额成本=200×10=2 000(元)

完工产品定额工时=2 000×2=4 000(小时)

月末在产品定额工时=200×1=200(小时)

(2) 分配直接材料:

直接材料分配率=126 000÷(40 000+2 000)=3

完工产品直接材料成本=40 000×3=120 000(元)

月末在产品直接材料成本=2 000×3=6 000(元)

(3) 分配直接人工:

直接人工分配率=6 300÷(4 000+200)=1.5

完工产品直接人工成本=4 000×1.5=6 000(元)
月末在产品直接人工成本=200×1.5=300(元)
(4) 分配制造费用:
制造费用分配率=4 200÷(4 000+200)=1
完工产品制造费用成本=4 000×1=4 000(元)
月末在产品制造费用成本=200×1=200(元)

二、任务案例

荣祥制衣有限公司生产羊毛衫,20×3年6月完工数量为1 000件,其原材料定额成本为每件产品10元,工时定额为每件2小时。月末在产品数量为100件,其原材料费用定额为每件产品5元,工时定额为每件产品1小时。产品成本资料表,如表3-20所示。

表 3-20　　　　　　　　　　产品成本资料表

产品:羊毛衫　　　　　　　　　　20×3年6月　　　　　　　　　　单位:元

成本项目	直接材料	直接人工	制造费用	合计
月初在产品成本	4 000	2 000	1 000	7 000
本月发生生产费用	38 000	2 200	5 300	45 500
生产费用合计	42 000	4 200	6 300	52 500

按照定额比例法进行分配,编制产品成本计算表,如表3-21所示。

表 3-21　　　　　　　　　　产品成本计算表

产品:羊毛衫
完工产品数量:1 000件
在产品数量:100件　　　　　　　　20×3年6月　　　　　　　　金额单位:元

成本项目	直接材料	直接人工	制造费用	合计
月初在产品成本	4 000	2 000	1 000	7 000
本月发生生产费用	38 000	2 200	5 300	45 500
生产费用合计	42 000	4 200	6 300	52 500
分配率	4	2	3	—
月末在产品成本	2 000	200	300	2 500
完工产品成本	40 000	4 000	6 000	50 000
完工产品单位成本(元/件)	40	4	6	50

根据产品成本计算表,编制记账凭证,如表3-22所示。

表 3-22　记账凭证

20×3 年 6 月 30 日　　　　　　　　　　　　　　　记字　第 39 号

摘要	会计科目		借方金额	贷方金额	记账
	总账科目	明细科目	千百十万千百十元角分	千百十万千百十元角分	√
结转完工产品成本	库存商品	羊毛衫	5 0 0 0 0 0		
	生产成本	基本生产成本——羊毛衫（直接材料）		4 0 0 0 0 0	
	生产成本	基本生产成本——羊毛衫（直接人工）		4 0 0 0 0	
	生产成本	基本生产成本——羊毛衫（制造费用）		6 0 0 0 0	
附件 1 张	合计		¥ 5 0 0 0 0 0	¥ 5 0 0 0 0 0	

记账　　　出纳　　　　　　审核　　　　　　制单

三、任务练习

20×3 年 8 月，荣祥制衣有限公司羊毛衫完工数量为 800 件，其原材料定额成本为每件产品 10 元，工时定额为每件产品 2 小时。月末在产品数量为 200 件，其原材料定额成本为每件产品 10 元，工时定额为每件产品 1 小时。产品成本资料表，如表 3-23 所示。

表 3-23　产品成本资料表

产品：羊毛衫　　　　　　　　　20×3 年 8 月　　　　　　　　　　　　单位：元

成本项目	直接材料	直接人工	制造费用	合计
月初在产品成本	20 000	2 500	5 000	27 500
本月发生生产费用	70 000	11 000	22 000	103 000
生产费用合计	90 000	13 500	27 000	130 500

按照定额比例法进行分配，编制产品成本计算表（表 3-24），并编制相应的记账凭证（表 3-25）。

表 3-24　产品成本计算表

产品：
完工产品数量：
在产品数量：　　　　　　　　　　　　年　　月　　　　　　　　　金额单位：元

成本项目	直接材料	直接人工	制造费用	合计
月初在产品成本				
本月发生生产费用				

(续表)

成本项目	直接材料	直接人工	制造费用	合计
生产费用合计				
分配率			—	
月末在产品成本				
完工产品成本				
完工产品单位成本(元/件)				

表 3-25　　　　　　　　　　　　记账凭证

年　月　日　　　　　　　　　　　　　　　记字　第　　号

摘要	会计科目		借方金额	贷方金额	记账√
	总账科目	明细科目	千百十万千百十元角分	千百十万千百十元角分	
附件　　张	合计				

记账　　　　出纳　　　　　　　　　审核　　　　　　　　制单

任务五　其他分配方法

一、知识准备

（一）其他分配方法的概念

生产费用在完工产品与月末在产品之间的分配的其他分配方法包括不计算在产品成本法和在产品按固定成本计算法。

不计算在产品成本法是指没有月末在产品或月末在产品数量很少，不计算月末在产品成本的方法。即假定月末没有在产品，本月应负担的各项生产费用均由完工产品成本负担的方法。

在产品按固定成本计算法是指各月月末可以不必具体计算月末在产品成本的实际数额，而对月末在产品固定地按年初数计价的方法。也就是说，企业在1月至11月份某种产品本月发生的生产费用就是本月完工产品的成本。但要在年末根据实际盘点的在产品数量,计算出月末在产品成本,据以计算 12 月的完工产品成本。

(二) 适用范围

不计算在产品成本法适用于各月月末没有月末在产品或在产品数量很少的产品。在产品按固定成本计算法适用于月末在产品数量较多但各月变化不大的产品或月末在产品数量很少的产品。

(三) 计算公式

(1) 不计算在产品成本法的计算公式如下:

$$完工产品成本=本月发生生产费用$$

【学中做 3-7】 20×3 年 4 月,某公司生产 A 产品 805 件,月末完工 800 件,在产品 5 件。本月发生的生产费用如下:直接材料 2 000 元,直接人工 8 000 元,制造费用 6 000 元。该企业采用不计算在产品成本法在完工产品与在产品之间分配生产费用。

【解答】 该企业计算完工产品成本如下:

完工产品总成本=2 000+8 000+6 000=16 000(元)

完工产品单位成本=16 000÷800=20(元)

(2) 在产品按固定成本计算法的计算公式如下:

$$月初在产品成本=月末在产品成本$$
$$完工产品成本=本月发生生产费用$$

【学中做 3-8】 某公司生产 B 产品。20×3 年年初在产品数量为 10 吨,期初在产品成本为 5 000 元:直接材料 3 000 元,直接人工 900 元,制造费用 1 100 元。20×3 年 5 月生产该产品 40 吨,完工 30 吨,月末在产品 10 吨,本月归集生产费用:直接材料 5 000 元,直接人工 4 200 元,制造费用 2 800 元。该企业采用在产品按固定成本计算法在完工产品与在产品之间分配生产费用。

【解答】 该企业计算完工产品成本如下:

月末完工产品总成本=5 000+4 200+2 800=12 000(元)

完工产品单位成本=12 000÷30=400(元)

二、任务案例

(一) 不计算在产品成本法

佳豪家具有限公司 20×3 年 5 月生产大衣柜 552 件,月末完工产品 550 件,在产品 2 件。本月发生的生产费用如下:直接材料 4 000 元,直接人工 5 000 元,制造费用 2 000 元。该企业采用不计算在产品成本法在完工产品与在产品之间分配生产费用。

该企业计算完工产品成本如下:

完工产品总成本=4 000+5 000+2 000=11 000(元)

完工产品单位成本=11 000÷550=20(元)

根据上述资料,编制产品成本计算表,如表 3-26 所示。

表 3-26 产品成本计算表

产品:大衣柜
完工数量:550 件
在产品数量:2 件   20×3 年 5 月   金额单位:元

成本项目	直接材料	直接人工	制造费用	合计
月初在产品成本	—	—	—	—
本月发生生产费用	4 000	5 000	2 000	11 000
生产费用合计	4 000	5 000	2 000	11 000
月末在产品成本	—	—	—	—
完工产品成本	4 000	5 000	2 000	11 000
完工产品单位成本(元/件)	7.27	9.09	3.64	20

根据产品成本计算表,编制记账凭证,如表 3-27 所示。

表 3-27 记账凭证

20×3 年 5 月 31 日   记字 第 98 号

摘要	会计科目		借方金额	贷方金额	记账
	总账科目	明细科目	千百十万千百十元角分	千百十万千百十元角分	√
结转完工产品成本	库存商品	大衣柜	1 1 0 0 0 0 0		
	生产成本	基本生产成本——大衣柜(直接材料)		4 0 0 0 0 0	
	生产成本	基本生产成本——大衣柜(直接人工)		5 0 0 0 0 0	
	生产成本	基本生产成本——大衣柜(制造费用)		2 0 0 0 0 0	
附件 1 张	合计		¥1 1 0 0 0 0 0	¥1 1 0 0 0 0 0	

记账   出纳   审核   制单

(二) 在产品按固定成本计算法

永安模具有限公司生产一种定制模具。20×3 年年初在产品数量为 100 件,期初在产品成本为:直接材料 2 000 元,直接人工 1 000 元,制造费用 900 元。20×3 年 5 月生产该产品 1 100 件,月末完工 1 000 件,在产品 100 件。本月归集生产费用:直接材料 19 000 元,直接人工 11 000 元,制造费用 10 000 元。该企业采用在产品按固定成本计算法在完工产品与在产品之间分配生产费用。

该企业计算完工产品成本如下:

完工产品总成本 = 19 000 + 11 000 + 10 000 = 40 000(元)

完工甲产品单位成本 = 40 000 ÷ 1 000 = 40(元)

根据上述资料,编制产品成本计算表,如表 3-28 所示。

表 3-28　　　　　　　　　　　　　　产品成本计算表

产品:定制模具
完工数量:1 000 件
在产品数量:100 件　　　　　　　　　20×3 年 5 月　　　　　　　　　　　金额单位:元

成本项目	直接材料	直接人工	制造费用	合计
月初在产品成本	2 000	1 000	900	3 900
本月发生生产费用	19 000	11 000	10 000	40 000
生产费用合计	21 000	12 000	10 900	43 900
月末在产品成本	2 000	1 000	900	3 900
完工产品成本	19 000	11 000	10 000	40 000
完工产品单位成本(元/件)	19	11	10	40

根据产品成本计算表,编制记账凭证,如表 3-29 所示。

表 3-29　　　　　　　　　　　　　　　记账凭证

　　　　　　　　　　　　　　20×3 年 5 月 31 日　　　　　　　　　　记字　第　102　号

摘要	会计科目		借方金额	贷方金额	记账
	总账科目	明细科目	千百十万千百十元角分	千百十万千百十元角分	√
结转完工产品成本	库存商品	定制模具	4 0 0 0 0 0 0		
	生产成本	基本生产成本——定制模具(直接材料)		1 9 0 0 0 0 0	
	生产成本	基本生产成本——定制模具(直接人工)		1 1 0 0 0 0 0	
	生产成本	基本生产成本——定制模具(制造费用)		1 0 0 0 0 0 0	
附件 1 张	合计		￥4 0 0 0 0 0 0	￥4 0 0 0 0 0 0	

记账　　　　出纳　　　　　　　　　审核　　　　　　　　　制单

三、任务练习

(一) 不计算在产品成本法

佳豪家具有限公司 20×3 年 7 月生产大衣柜 602 件,月末完工 600 件,在产品 2 件。本月发生的生产费用如下:直接材料 9 000 元,直接人工 11 000 元,制造费用 4 000 元。该企业采用不计算在产品成本法在完工产品与在产品之间分配生产费用。

请根据上述资料,编制产品成本计算表(表 3-30),并编制相应的记账凭证(表 3-31)。

表 3-30　　　　　　　　　　　　　　产品成本计算表

产品：
完工数量：
在产品数量：　　　　　　　　　　　年　月　　　　　　　　　　　　　　金额单位：元

成本项目	直接材料	直接人工	制造费用	合计
月初在产品成本				
本月发生生产费用				
生产费用合计				
月末在产品成本				
完工产品成本				
完工产品单位成本（元/件）				

表 3-31　　　　　　　　　　　　　　　记账凭证

　　　　　　　　　　　　　　年　月　日　　　　　　　　　　　记字　第　号

摘要	会计科目		借方金额	贷方金额	记账√
	总账科目	明细科目	千百十万千百十元角分	千百十万千百十元角分	
附件　张		合计			

记账　　　　出纳　　　　　　　　　审核　　　　　　　　制单

（二）在产品按固定成本计算法

20×3 年 6 月，永安模具有限公司生产定制模具 2 200 件，月末完工 2 000 件，在产品 200 件。本月归集生产费用：直接材料 16 000 元，直接人工 19 000 元，制造费用 30 000 元。20×3 年年初在产品数量为 100 件，期初在产品成本为：直接材料 2 000 元，直接人工 1 000 元，制造费用 900 元。该企业采用在产品按固定成本计算法在完工产品与在产品之间分配生产费用。

请根据上述资料，编制产品成本计算表（表 3-32），并编制相应的记账凭证（表 3-33）。

表 3-32　　　　　　　　　　　　　　产品成本计算表

产品：
完工数量：
在产品数量：　　　　　　　　　　　年　月　　　　　　　　　　　　　　金额单位：元

成本项目	直接材料	直接人工	制造费用	合计
月初在产品成本				
本月发生生产费用				

(续表)

成本项目	直接材料	直接人工	制造费用	合计
生产费用合计				
月末在产品成本				
完工产品成本				
完工产品单位成本(元/件)				

表 3-33　　　　　　　　　　　　　记账凭证

年　月　日　　　　　　　　　　　　　　　　　　记字　第　号

摘要	会计科目		借方金额	贷方金额	记账
	总账科目	明细科目	千百十万千百十元角分	千百十万千百十元角分	√
附件　张	合计				

记账　　　出纳　　　　　　　审核　　　　　　　制单

项目测评

一、单项选择题

1. 月末在产品数量较多且各月月末在产品数量变化较大,产品中各成本项目费用比重相差不多的产品,其在产品成本计算应采用(　　)。

　A. 定额成本法　　　　　　　　B. 定额比例法
　C. 约当产量法　　　　　　　　D. 固定成本法

2. 定额基础管理较好,各种产品有健全、准确的定额资料的企业,月末在产品数量变化较大的产品,在产品成本的计算应采用(　　)。

　A. 定额成本法　　　　　　　　B. 定额比例法
　C. 约当产量法　　　　　　　　D. 固定成本法

3. 采用约当产量法,原材料费用按完工产品和月末在产品数量分配时应具备的条件是(　　)。

　A. 原材料是陆续投入的　　　　B. 原材料是生产开始时一次性投入的
　C. 原材料在产品成本中所占比重大　　D. 原材料按定额投入

4. 某产品需要经过两道工序支持,各工序的工时定额分别为 10 小时和 30 小时,若加工费用是均匀发生的,则第二道工序的完工程度为(　　)。

　A. 25%　　　B. 50%　　　C. 62.5%　　　D. 100%

5. 分配加工费用时所采用的在产品的完工程度是指产品(　　)与完工产品工时定额

的比率。

A. 所在工序的工时定额

B. 前面各工序工时定额与所在工序工时定额的50%的合计数

C. 所在工序的累计工时定额

D. 所在工序的工时定额的50%

6. 如果某种产品的月末在产品数量很少,生产费用在完工产品与月末在产品之间分配,应采用的方法是( )。

A. 不计算在产品成本法　　　　　B. 约当产量法

C. 在产品按定额成本计价法　　　D. 定额比例法

7. 某企业产品经过两道工序,各工序的工时定额分别为30小时和40小时,则第二道工序的完工程度为( )。

A. 68%　　　B. 69%　　　C. 70%　　　D. 71%

8. 下列方法中,不属于完工产品与月末在产品之间分配费用的方法是( )。

A. 约当产量法　　　　　　　　　B. 不计算在产品成本法

C. 年度计划分配率分配法　　　　D. 定额比例法

9. 某企业产品经过两道工序,第一道工序在产品数量为100件,完工程度为30%;第二道工序在产品数量为200件,完工程度为70%。月末该产品的约当产量为( )件。

A. 30　　　B. 100　　　C. 170　　　D. 300

10. 某产品经过两道工序加工完成。第一道工序月末在产品数量为100件,完工程度为20%;第二道工序月末在产品数量为200件,完工程度为70%。据此计算的月末在产品约当产量为( )件。

A. 20　　　B. 135　　　C. 140　　　D. 160

二、多项选择题

1. 期末生产费用在完工产品与在产品之间的分配方法有( )。

A. 不计算在产品成本法　　　　　B. 在产品按固定成本计算法

C. 在产品按定额成本计价法　　　D. 约当产量法

2. 企业应根据( ),考虑到管理的要求和条件,选择适当的方法计算月末在产品成本。

A. 在产品数量的多少　　　　　　B. 各月在产品数量变化的大小

C. 各项费用在成本中占的比重　　D. 定额管理基础的好坏

3. 在产品成本按所耗直接材料费用计算适用于( )的产品。

A. 月末在产品数量较多

B. 各月在产品数量变化较大

C. 直接材料费用在生产成本中所占比重较大

D. 定额管理基础较好

4. 在产品成本按约当产量法计算适用于( )的产品。

A. 在产品数量较多

B. 各月在产品数量变化较大

C. 各成本项目费用在成本中比重相差不多
D. 完工产品数量较多

5. 分配计算完工产品和月末在产品的费用时,采用在产品按定额成本计价法所具备的条件有(　　)。

A. 各月末在产品数量变化较大　　　B. 产品的消耗定额比较稳定
C. 各月末在产品数量变化较小　　　D. 产品的消耗定额比较准确

三、判断题

1. 采用在产品按所耗直接材料成本计价法时,在产品成本包含加工费用。（　　）
2. 不计算在产品成本法适用于月末没有在产品的产品。（　　）
3. 采用约当产量法计算月末在产品成本,分配原材料费用时必须考虑原材料的投料方式。（　　）
4. 月末在产品按定额成本计算,实际费用脱离定额的差异完全由完工产品负担。（　　）
5. 企业采用定额比例法计算月末在产品成本必须具备较好的定额管理基础,而且月初、月末在产品数量变化不大。（　　）

四、综合实训题

1. 某车间生产 A 产品,本月完工产品 600 件,月末在产品 100 件。单位完工产品的原材料消耗定额为 15 千克,定额工时为 10 小时;单位在产品的原材料消耗定额为 10 千克,定额工时为 5 小时。本月的生产费用合计数为:直接材料费用 21 000 元,直接人工费用 1 170 元,制造费用 10 400 元。

要求:采用定额比例法,计算当月完工产品成本和月末在产品成本。

2. 某企业某种产品本月完工 200 件,月末在产品 160 件,在产品完工程度 40%;月初和本月发生的原材料费用共为 60 000 元,直接人工费用共为 11 000 元,制造费用共为 36 000 元。原材料投入的程度与完工程度一致。

要求:采用约当产量法,计算当月完工产品成本和月末在产品成本。

3. 某企业生产丙产品,共有两道工序。第一道工序工时定额为 480 小时,第二道工序工时定额为 520 小时,本月完工丙产品 500 件,月末在产品 800 件,其中:第一道工序的月末在产品 600 件,第二道工序的月末在产品为 200 件,原材料在生产开始时一次性投入,月初和本月发生的材料费用共为 845 000 元,工资及其他加工费用共计 95 000 元。

要求:采用约当产量法,计算当月完工产品成本和月末在产品成本。

 思政之窗

匠心铸就梦想,技能成就人生。希望同学们不仅能练就精湛技能,记好会计账本,还能用"奋斗之笔"记好自己的人生账本。

项目四　品种法

项目描述

本项目的主要内容是使用品种法核算产品成本。产品成本计算的品种法,是以产品品种为成本计算对象归集生产费用,计算产品成本的方法。无论企业采用什么成本计算方法,最终都需要计算出各种产品的成本,且品种法的成本计算程序最具代表性,因此,品种法是最基本的产品成本计算方法。

品种法一般按月定期计算产品成本,适用于具有单步骤工艺过程的大量、大批生产组织特点的企业;也适用于具有多步骤工艺过程的大量、大批生产组织特点,但因生产车间从原材料的投入到产品的产出是封闭式的生产,或者因生产规模较小,在管理上不要求按生产步骤计算产品成本的企业。根据产品种类和计算成本的难易程度,品种法又分为单品种的简单品种法和多品种的典型品种法。

学习目标

【知识目标】
1. 了解品种法的概念及核算程序。
2. 掌握品种法的成本计算。

【技能目标】
1. 能根据企业或车间各产品生产情况,进行相关费用的归集、分配以及账务处理。
2. 能根据产品成本相关资料,编制费用分配表并计算完工产品成本和单位成本。

【素质目标】
培养学生综合分析和职业判断能力,强化与岗位技能匹配的综合素养和职业能力。

思维导图

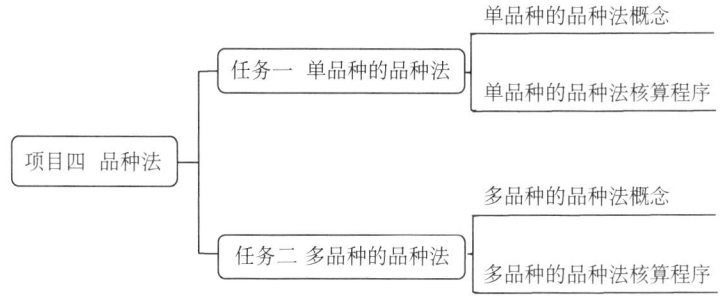

 **项目导入**

兴隆食品有限公司是一家专门从事饼干生产加工的制造企业,设有基本生产车间,机修、运输两个辅助生产车间。企业在成立之初,只生产蔓越莓曲奇一种产品,采用简单品种法核算产品成本。

20×3年,随着业务发展需要,兴隆食品有限公司增加了椰蓉三角酥产品。产品种类增加后,该企业应如何运用品种法核算成本呢?

任务一 单品种的品种法

一、知识准备

(一) 单品种的品种法概念

单品种的品种法也称简单品种法,是指企业只生产一种产品,生产过程中发生的各种费用汇总于单一产品成本,不需要在各种产品之间进行分配的方法。若月末有在产品,则采用适当的方法,将生产费用在完工产品和在产品之间进行分配,计算完工产品总成本和单位成本。

(二) 单品种的品种法核算程序

1. 开设成本费用明细账

设置"生产成本——基本生产成本"明细账,账内按成本项目设立专栏,用以归集费用和计算成本。

设置"生产成本——辅助生产成本""管理费用""销售费用"等账户,并按费用的经济用途、成本项目和费用项目设置专栏。

2. 归集和分配各种要素费用

根据当月各项生产费用的原始凭证和其他有关资料,编制各种费用分配表或汇总表,并据此填制记账凭证,登记有关明细账。

3. 归集和分配辅助生产费用

将"生产成本——辅助生产成本"明细账归集的费用,按受益产品和各受益部门的受益程度进行分配,编制辅助生产费用分配表,填制记账凭证,登记明细账。

4. 结转完工产品成本

月末,将"生产成本——基本生产成本"明细账所归集的各种费用,采用适当的方法在完工产品和在产品之间进行分配,编制产品成本计算表,计算完工产品成本和月末在产品成本,并结转记入"库存商品"账户。

二、任务案例

20×2年8月,兴隆食品有限公司生产蔓越莓曲奇,本月有关成本计算资料如下。

(一) 月初在产品成本

蔓越莓曲奇月初在产品600箱,月初在产品成本资料表,如表4-1所示。

表 4-1　　　　　　　　　　　　　　月初在产品成本资料表

20×2 年 8 月 1 日　　　　　　　　　　　　　　　　　　　　单位:元

产品	直接材料	直接人工	制造费用	合计
蔓越莓曲奇	15 020	3 000	1 320	19 340

（二）本月生产数量

本月蔓越莓曲奇投产 2 000 箱,本月完工 2 400 箱,月末在产品 200 箱,实际生产工时 1 350 小时。

（三）运用品种法核算业务

1. 材料费用

兴隆食品有限公司本月发出材料汇总表,如表 4-2 所示。

表 4-2　　　　　　　　　　　　　　发出材料汇总表

20×2 年 8 月 31 日　　　　　　　　　　　　　　　　　　　单位:元

领用部门	用途	材料类别					合计
		低筋面粉	黄油	糖粉	鸡蛋	蔓越莓	
基本生产车间	生产蔓越莓曲奇	16 800	16 400	5 800	4 100	10 000	53 100
合计		16 800	16 400	5 800	4 100	10 000	53 100

制表:　　　　　　　　　　　审核:

根据发出材料汇总表,填制记账凭证,如表 4-3 所示。

表 4-3　　　　　　　　　　　　　　　记账凭证

20×2 年 8 月 31 日　　　　　　　　　　　　　记字　第　037　号

摘要	会计科目		借方金额	贷方金额	记账
	总账科目	明细科目	千百十万千百十元角分	千百十万千百十元角分	√
分配材料费用	生产成本	基本生产成本——蔓越莓曲奇（直接材料）	5 3 1 0 0 0 0		
	原材料	低筋面粉		1 6 8 0 0 0 0	
	原材料	黄油		1 6 4 0 0 0 0	
	原材料	糖粉		5 8 0 0 0 0	
	原材料	鸡蛋		4 1 0 0 0 0	
	原材料	蔓越莓		1 0 0 0 0 0 0	
附件 1 张	合计		¥ 5 3 1 0 0 0 0	¥ 5 3 1 0 0 0 0	

记账　　　　出纳　　　　　　　　审核　　　　　　　　制单

2. 职工薪酬

兴隆食品有限公司本月职工薪酬汇总表,如表 4-4 所示。

表 4-4 职工薪酬汇总表

20×2 年 8 月 31 日　　　　　　　　　　　　　　　　　　　　　单位：元

人员类别		职工薪酬总额	合计
基本生产车间	管理人员	7 300	37 300
	生产工人	30 000	
辅助生产车间	机修车间人员	6 500	13 500
	运输车间人员	7 000	
行政管理人员		17 000	17 000
销售部门人员		20 000	20 000
合计		87 800	87 800

根据职工薪酬汇总表，填制记账凭证，如表 4-5 所示。

表 4-5 记账凭证

20×2 年 8 月 31 日　　　　　　　　　　　　　　　　　　　　　记字　第　038　号

摘要	会计科目		借方金额	贷方金额	记账
	总账科目	明细科目	千百十万千百十元角分	千百十万千百十元角分	√
分配职工薪酬	生产成本	基本生产成本——蔓越莓曲奇（制造费用）	7 3 0 0 0 0		
	生产成本	基本生产成本——蔓越莓曲奇（直接人工）	3 0 0 0 0 0 0		
	生产成本	辅助生产成本（机修车间）	6 5 0 0 0 0		
	生产成本	辅助生产成本（运输车间）	7 0 0 0 0 0		
	管理费用		1 7 0 0 0 0 0		
	销售费用		2 0 0 0 0 0 0		
	应付职工薪酬			8 7 8 0 0 0 0	
附件 1 张	合计		¥ 8 7 8 0 0 0 0	¥ 8 7 8 0 0 0 0	

记账　　　出纳　　　　　　　审核　　　　　　　制单

3. 折旧费用

兴隆食品有限公司本月固定资产折旧分配表，如表 4-6 所示。

表 4-6 固定资产折旧分配表

20×2 年 8 月 31 日　　　　　　　　　　　　　　　　　　　　　单位：元

部门		折旧费	合计
基本生产车间		5 200	5 200
辅助生产车间	机修车间	1 100	4 100
	运输车间	3 000	

(续表)

部门	折旧费	合计
行政管理部门	2 400	2 400
销售部门	3 000	3 000
合计	14 700	14 700

计提本月固定资产折旧,填制记账凭证,如表 4-7 所示。

表 4-7 记账凭证

20×2 年 8 月 31 日　　　　　　　　　　　　　　记字　第　039　号

摘要	会计科目		借方金额	贷方金额	记账
	总账科目	明细科目	千百十万千百十元角分	千百十万千百十元角分	√
计提折旧	生产成本	基本生产成本——蔓越莓曲奇（制造费用）	5 2 0 0 00		
	生产成本	辅助生产成本(机修车间)	1 1 0 0 00		
	生产成本	辅助生产成本(运输车间)	3 0 0 0 00		
	管理费用		2 4 0 0 00		
	销售费用		3 0 0 0 00		
	累计折旧			1 4 7 0 0 00	
附件 1 张	合计		¥1 4 7 0 0 00	¥1 4 7 0 0 00	

记账　　　　出纳　　　　　　　审核　　　　　　　制单

4. 其他费用

兴隆食品有限公司本月以银行存款支付的其他各项费用共计 13 400 元,如表 4-8 所示。

表 4-8 其他费用汇总表

20×2 年 8 月 31 日　　　　　　　　　　　　　　　　　　单位:元

部门		成本（费用）项目	金额
基本生产车间		燃料及动力	2 170
辅助生产车间	机修车间	其他费用	400
	运输车间	其他费用	2 000
行政管理部门		办公费等	3 800
销售部门		销售经费等	5 030
合计			13 400

根据其他费用汇总表,填制记账凭证,如表 4-9 所示。

表 4-9　　　　　　　　　　　　　　　　记账凭证

20×2 年 8 月 31 日　　　　　　　　　记字　第　040　号

摘要	会计科目		借方金额 千百十万千百十元角分	贷方金额 千百十万千百十元角分	记账√
	总账科目	明细科目			
分配其他费用	生产成本	基本生产成本——蔓越莓曲奇（制造费用）	2 1 7 0 0 0		
	生产成本	辅助生产成本（机修车间）	4 0 0 0 0		
	生产成本	辅助生产成本（运输车间）	2 0 0 0 0		
	管理费用		3 8 0 0 0		
	销售费用		5 0 3 0 0 0		
	银行存款			1 3 4 0 0 0 0	
附件 1 张	合计		¥1 3 4 0 0 0 0	¥1 3 4 0 0 0 0	

记账　　　　出纳　　　　　　　　审核　　　　　　　　制单

5. 辅助生产费用

兴隆食品有限公司由于两个辅助车间之间劳务交互量较少，因此采用直接分配法进行分配。辅助生产车间劳务量表，如表 4-10 所示。

表 4-10　　　　　　　　　　　　辅助生产车间劳务量表

20×2 年 8 月 31 日

受益部门	机修车间（小时）	运输车间（吨公里）
基本生产车间	180	3 800
行政管理部门	30	400
销售部门	40	600
合计	250	4 800

本月"生产成本——辅助生产成本"明细账归集机修车间辅助生产费用共计 8 000 元，运输车间辅助生产费用共计 12 000 元，根据辅助生产车间劳务量表，计算分配辅助生产成本，过程如下：

（1）计算辅助生产费用分配率。

机修车间费用分配率 $=\dfrac{8\,000}{250}=32$

运输车间费用分配率 $=\dfrac{12\,000}{4\,800}=2.5$

（2）计算各受益部门应分配的辅助生产费用，编制辅助生产费用分配表，如表 4-11 所示。

表 4-11　　　　　　　　　　　　　辅助生产费用分配表

20×2 年 8 月 31 日

项目	机修车间			运输车间			合计（元）
	数量（小时）	单位成本（分配率）	分配金额（元）	数量（吨公里）	单位成本（分配率）	分配金额（元）	
待分配费用	250	32.00	8 000	4 800	2.50	12 000	20 000
基本生产车间	180		5 760	3 800		9 500	15 260
行政管理部门	30		960	400		1 000	1 960
销售部门	40		1 280	600		1 500	2 780
合计	250		8 000	4 800		12 000	20 000

（3）根据辅助生产费用分配表，填制记账凭证，如表 4-12 所示。

表 4-12　　　　　　　　　　　　　　记账凭证

20×2 年 8 月 31 日　　　　　　　　　　　　　记字　第　041　号

摘要	会计科目		借方金额	贷方金额	记账 √
	总账科目	明细科目	千百十万千百十元角分	千百十万千百十元角分	
结转分配辅助生产成本	生产成本	基本生产成本——蔓越莓曲奇（制造费用）	1 5 2 6 0 0 0		
	管理费用		1 9 6 0 0 0		
	销售费用		2 7 8 0 0 0		
	生产成本	辅助生产成本（机修车间）		8 0 0 0 0 0	
	生产成本	辅助生产成本（运输车间）		1 2 0 0 0 0 0	
附件 1 张	合计		¥2 0 0 0 0 0 0	¥2 0 0 0 0 0 0	

记账　　　出纳　　　　　　　审核　　　　　　制单

6. 结转完工产品成本

兴隆食品有限公司按照约当产量法在完工产品和在产品之间分配生产费用。蔓越莓曲奇在生产开始时一次性投料，月末在产品完工程度为 50%。

根据月初在产品成本资料表和"生产成本——基本生产成本"明细账，编写产品成本计算表，如表 4-13 所示。

表 4-13　　　　　　　　　　　　　产品成本计算表

20×2 年 8 月 31 日

产品：蔓越莓曲奇
完工数量：2 400 箱　　　　　　　　　　　　　　　　　　　　　　完工程度：50%
在产品数量：200 箱　　　　　　　　　　　　　　　　　　　　　　金额单位：元

成本项目	直接材料	直接人工	制造费用	合计
月初在产品成本	15 020	3 000	1 320	19 340
本月发生生产费用	53 100	30 000	29 930	113 030

(续表)

成本项目		直接材料	直接人工	制造费用	合计
生产费用合计		68 120	33 000	31 250	132 370
约当产量（箱）	完工产品产量	2 400	2 400	2 400	
	月末在产品约当产量	200	100	100	
	小计	2 600	2 500	2 500	
单位成本(元/箱)		26.20	13.20	12.50	51.90
完工产品总成本		62 880	31 680	30 000	124 560
月末在产品成本		5 240	1 320	1 250	7 810

根据产品成本计算表,填制记账凭证,如表 4-14 所示。

表 4-14　　　　　　　　　　　　记账凭证

20×2 年 8 月 31 日　　　　　　　　　　　记字　第　042　号

摘要	会计科目		借方金额	贷方金额	记账
	总账科目	明细科目	千百十万千百十元角分	千百十万千百十元角分	√
结转完工产品成本	库存商品	蔓越莓曲奇	1 2 4 5 6 0 0 0		
	生产成本	基本生产成本——蔓越莓曲奇（直接材料）		6 2 8 8 0 0 0	
	生产成本	基本生产成本——蔓越莓曲奇（直接人工）		3 1 6 8 0 0 0	
	生产成本	基本生产成本——蔓越莓曲奇（制造费用）		3 0 0 0 0 0 0	
附件 1 张	合计		¥1 2 4 5 6 0 0 0	¥1 2 4 5 6 0 0 0	

记账　　　出纳　　　　　　审核　　　　　　制单

三、任务练习

20×2 年 9 月,兴隆食品有限公司生产蔓越莓曲奇,本月有关成本计算资料如下。

(一) 月初在产品成本

请根据上月产品成本计算表填列蔓越莓曲奇月初在产品成本资料表,如表 4-15 所示。

表 4-15　　　　　　　　月初在产品成本资料表

年　月　日　　　　　　　　　　　　　　　　　　　　单位:元

产品	直接材料	直接人工	制造费用	合计
蔓越莓曲奇				

(二)本月生产数量

本月蔓越莓曲奇投产 2 500 箱,本月完工 2 300 箱,月末在产品 400 箱,实际生产工时 1 650 小时。

(三)运用品种法核算业务

1. 材料费用

兴隆食品有限公司本月发出材料汇总表,如表 4-16 所示。

表 4-16　　　　　　　　　　　　发出材料汇总表

20×2 年 9 月 30 日　　　　　　　　　　　　　　　　　单位:元

领用部门	用途	材料类别					合计
		低筋面粉	黄油	糖粉	鸡蛋	蔓越莓	
基本生产车间	生产蔓越莓曲奇	20 260	20 000	7 100	5 200	12 400	64 960
合计		20 260	20 000	7 100	5 200	12 400	64 960

制表:　　　　　　　　审核:

根据发出材料汇总表,填制记账凭证,如表 4-17 所示。

表 4-17　　　　　　　　　　　　记账凭证

年　月　日　　　　　　　　　　　　　　　记字　第　号

摘要	会计科目		借方金额	贷方金额	记账 √
	总账科目	明细科目	千百十万千百十元角分	千百十万千百十元角分	
附件　张		合计			

记账　　　出纳　　　　　　审核　　　　　　制单

2. 职工薪酬

本月职工薪酬汇总表,如表 4-18 所示。

表 4-18　　　　　　　　　　　　职工薪酬汇总表

20×2 年 9 月 30 日　　　　　　　　　　　　　　　　　单位:元

人员类别		职工薪酬总额	合计
基本生产车间	管理人员	7 300	38 230
	生产工人	30 930	

(续表)

人员类别		职工薪酬总额	合计
辅助生产车间	机修车间人员	6 500	13 500
	运输车间人员	7 000	
行政管理人员		17 000	17 000
销售部门人员		20 000	20 000
合计		88 730	88 730

根据职工薪酬汇总表,填制记账凭证,如表 4-19 所示。

表 4-19　　　　　　　　　　　　记账凭证

年　月　日　　　　　　　　　　　　　　　记字第　号

摘要	会计科目		借方金额	贷方金额	记账
	总账科目	明细科目	千百十万千百十元角分	千百十万千百十元角分	√
附件　张	合计				

记账　　　　出纳　　　　　　　　　审核　　　　　　　制单

3. 折旧费用

本月固定资产折旧分配表,如表 4-20 所示。

表 4-20　　　　　　　　　　固定资产折旧分配表

20×2 年 9 月 30 日　　　　　　　　　　　　　　　单位:元

部门		折旧费	合计
基本生产车间		5 200	5 200
辅助生产车间	机修车间	1 100	4 100
	运输车间	3 000	
行政管理部门		2 400	2 400
销售部门		3 000	3 000
合计		14 700	14 700

计提本月固定资产折旧,填制记账凭证,如表 4-21 所示。

表 4-21　　　　　　　　　　　　　　　　记账凭证

　　　　　　　　　　　　　年　月　日　　　　　　　　　　　　　　　记字　第　号

摘要	会计科目		借方金额	贷方金额	记账√
	总账科目	明细科目	千百十万千百十元角分	千百十万千百十元角分	
附件　张		合计			

记账　　　　出纳　　　　　　　审核　　　　　　　制单

4. 其他费用

本月以银行存款支付的其他各项费用共计12 700元，如表4-22所示。

表 4-22　　　　　　　　　　　　　其他费用汇总表

　　　　　　　　　　　　　20×2年9月30日　　　　　　　　　　　　　　　单位：元

部门		成本（费用）项目	金额
基本生产车间		燃料及动力	2 310
辅助生产车间	机修车间	其他费用	400
	运输车间	其他费用	2 500
行政管理部门		办公费等	3 490
销售部门		销售经费等	4 000
合计			12 700

根据其他费用汇总表，填制记账凭证，如表4-23所示。

表 4-23　　　　　　　　　　　　　　　　记账凭证

　　　　　　　　　　　　　年　月　日　　　　　　　　　　　　　　　记字　第　号

摘要	会计科目		借方金额	贷方金额	记账√
	总账科目	明细科目	千百十万千百十元角分	千百十万千百十元角分	
附件　张		合计			

记账　　　　出纳　　　　　　　审核　　　　　　　制单

5. 辅助生产费用

辅助生产车间劳务量表,如表 4-24 所示。

表 4-24　　　　　　　　　　　辅助生产车间劳务量表

20×2 年 9 月 30 日

受益部门	机修车间(小时)	运输车间(吨公里)
基本生产车间	170	4 000
行政管理部门	35	350
销售部门	45	650
合计	250	5 000

根据本月"生产成本——辅助生产成本"明细账归集的辅助生产费用和辅助生产车间劳务量表,采用直接分配法分配辅助生产费用,编制辅助生产费用分配表,如表 4-25 所示。

表 4-25　　　　　　　　　　　辅助生产费用分配表

年　月　日

| 项目 | 机修车间 | | | 运输车间 | | | 合计(元) |
	数量(小时)	单位成本(分配率)	分配金额(元)	数量(吨公里)	单位成本(分配率)	分配金额(元)	
待分配费用							
基本生产车间							
行政管理部门							
销售部门							
合计							

根据辅助生产费用分配表,填制记账凭证,如表 4-26 所示。

表 4-26　　　　　　　　　　　记账凭证

年　月　日　　　　　　　　　　　　　记字　第　号

| 摘要 | 会计科目 | | 借方金额 | 贷方金额 | 记账√ |
	总账科目	明细科目	千百十万千百十元角分	千百十万千百十元角分	
附件　张		合计			

记账　　　　出纳　　　　　　　　审核　　　　　　　　制单

6. 结转完工产品成本

按照约当产量法分配生产费用。蔓越莓曲奇在生产开始时一次性投料,月末在产品完工程度为50%。

根据"生产成本——基本生产成本"明细账,编写产品成本计算表,如表4-27所示。

表4-27 产品成本计算表

年 月 日

产品:
完工数量: 完工程度:
在产品数量: 金额单位:

成本项目		直接材料	直接人工	制造费用	合计
月初在产品成本					
本月发生生产费用					
生产费用合计					
约当产量（箱）	完工产品产量				
	月末在产品约当产量				
	小计				
单位成本(元/箱)					
完工产品总成本					
月末在产品成本					

根据产品成本计算表,填制记账凭证,如表4-28所示。

表4-28 记账凭证

年 月 日 记字 第 号

摘要	会计科目		借方金额	贷方金额	记账
	总账科目	明细科目	千百十万千百十元角分	千百十万千百十元角分	√
附件 张	合计				

记账 出纳 审核 制单

任务二　多品种的品种法

一、知识准备

(一) 多品种的品种法概念

多品种的品种法是指企业生产多种产品,发生的各种费用需要按产品品种分别归集,登记每种产品成本明细账,计算出完工产品的总成本和单位成本的方法。在该方法下,生产发生的直接费用应直接计入各种产品成本明细账,间接费用则采用适当的方法,在各种产品之间进行分配后,计入产品成本明细账。月末采用适当的方法,将生产费用在完工产品和在产品之间进行分配,计算完工产品总成本和单位成本。

(二) 多品种的品种法核算程序

1. 开设成本费用明细账

按照产品品种设置"生产成本——基本生产成本"明细账,账内按成本项目设立专栏,用以归集费用和计算成本。

设置"生产成本——辅助生产成本""制造费用""管理费用""销售费用"等账户,并按费用的经济用途、成本项目和费用项目设置专栏。

2. 归集和分配各种要素费用

根据当月各项生产费用的原始凭证和其他有关资料,编制费用汇总表,选择合适的分配标准分配各种要素费用,编制费用分配表,并据此填制记账凭证,登记有关明细账。

3. 归集和分配辅助生产成本

将"生产成本——辅助生产成本"明细账所归集的费用,按受益产品和各受益部门的受益程度进行分配,编制辅助生产费用分配表,填制记账凭证,登记明细账。

4. 归集和分配制造费用

根据"制造费用"账户归集的费用,按一定标准在车间生产的各种产品之间分配,编制制造费用分配表,填制记账凭证,结转记入"生产成本——基本生产成本"明细账。

5. 结转完工产品成本

月末,将"生产成本——基本生产成本"明细账所归集的各种费用,采用适当的方法在完工产品和在产品之间分配,编制产品成本计算表,并结转记入"库存商品"账户。

二、任务案例

20×3年3月,兴隆食品有限公司生产蔓越莓曲奇和椰蓉三角酥两种产品,本月有关成本计算资料如下。

(一) 月初在产品成本

蔓越莓曲奇月初在产品500箱,椰蓉三角酥月初在产品600箱,月初在产品成本资料表,如表4-29所示。

表 4-29   月初在产品成本资料表
                                      20×3 年 3 月 1 日   单位:元

产品	直接材料	直接人工	制造费用	合计
蔓越莓曲奇	11 450	1 800	1 800	15 050
椰蓉三角酥	13 020	3 400	2 600	19 020

(二) 本月生产数量

本月蔓越莓曲奇投产 2 000 箱,完工 2 300 箱,月末在产品 200 箱,实际生产工时 1 350 小时。椰蓉三角酥投产 2 400 箱,完工 2 600 箱,月末在产品 400 箱,实际生产工时 1 650 小时。

(三) 运用品种法核算业务

1. 材料费用

兴隆食品有限公司本月发出材料汇总表,如表 4-30 所示。

表 4-30   发出材料汇总表
                                     20×3 年 3 月 31 日   单位:元

| 领用部门 | 用途 | 材料类别 | | | | | | 合计 |
		低筋面粉	黄油	糖粉	鸡蛋	蔓越莓	椰蓉	
基本生产车间	生产蔓越莓曲奇		16 400	5 800	4 100	10 000		36 300
基本生产车间	生产椰蓉三角酥		15 000	3 900	4 000		9 800	32 700
基本生产车间	生产共同耗用	33 280						33 280
合计		33 280	31 400	9 700	8 100	10 000	9 800	102 280

制表: 审核:

本月生产蔓越莓曲奇和椰蓉三角酥两种产品领用低筋面粉共计 33 280 元,产品共同耗用的低筋面粉按照定额耗用量比例分配法进行分配,单位产品材料消耗定额表,如表 4-31 所示。

表 4-31   单位产品材料消耗定额表

产品	投产量(箱)	单位产品消耗定额(千克/箱)
蔓越莓曲奇	2 000	2
椰蓉三角酥	2 400	1.8

面粉分配计算如下:

蔓越莓曲奇低筋面粉定额消耗量 = 2 000 × 2 = 4 000(千克)

椰蓉三角酥低筋面粉定额消耗量 = 2 400 × 1.8 = 4 320(千克)

低筋面粉消耗量分配率 = $\dfrac{33\,280}{4\,000 + 4\,320}$ = 4

蔓越莓曲奇应分配低筋面粉材料费用 = 4 000 × 4 = 16 000(元)

椰蓉三角酥应分配低筋面粉材料费用 = 4 320 × 4 = 17 280(元)

编制材料费用分配表,如表 4-32 所示。

表 4-32　　　　　　　　　　材料费用分配表

20×3 年 3 月 31 日　　　　　　　　　　　　　　金额单位:元

应借账户		成本(费用)项目	直接计入	分配计入			合计
				定额消耗量	分配率	分配金额	
生产成本	基本生产成本——蔓越莓曲奇	直接材料	36 300	4 000		16 000	52 300
	基本生产成本——椰蓉三角酥	直接材料	32 700	4 320		17 280	49 980
	小计			8 320	4	33 280	
	合计		69 000			33 280	102 280

根据发出材料汇总表和材料费用分配表,填制记账凭证,如表 4-33 所示。

表 4-33　　　　　　　　　　记账凭证

20×3 年 3 月 31 日　　　　　　　　　　　记字　第　037　号

摘要	会计科目		借方金额	贷方金额	记账√
	总账科目	明细科目	千百十万千百十元角分	千百十万千百十元角分	
分配材料费用	生产成本	基本生产成本——蔓越莓曲奇(直接材料)	5 2 3 0 0 0 0		
	生产成本	基本生产成本——椰蓉三角酥(直接材料)	4 9 9 8 0 0 0		
	原材料	低筋面粉		3 3 2 8 0 0 0	
	原材料	黄油		3 1 4 0 0 0 0	
	原材料	糖粉		9 7 0 0 0 0	
	原材料	鸡蛋		8 1 0 0 0 0	
	原材料	蔓越莓		1 0 0 0 0 0 0	
	原材料	椰蓉		9 8 0 0 0 0	
附件 2 张	合计		¥1 0 2 2 8 0 0 0	¥1 0 2 2 8 0 0 0	

记账　　出纳　　　　审核　　　　制单

2. 职工薪酬

本月职工薪酬汇总表,如表 4-34 所示。

表 4-34　　　　　　　　　　职工薪酬汇总表

20×3 年 3 月 31 日　　　　　　　　　　　　　　单位:元

人员类别		职工薪酬总额	合计
基本生产车间	管理人员	7 500	67 500
	生产工人	60 000	

(续表)

人员类别		职工薪酬总额	合计
辅助生产车间	机修车间人员	6 500	13 500
	运输车间人员	7 000	
行政管理人员		17 000	17 000
销售部门人员		20 000	20 000
合计		118 000	118 000

兴隆食品有限公司基本生产车间职工薪酬按产品实际工时比例分配,已知蔓越莓曲奇生产工时 1 350 小时,椰蓉三角酥生产工时 1 650 小时。职工薪酬分配计算如下:

$$职工薪酬分配率 = \frac{60\,000}{1\,350 + 1\,650} = 20$$

蔓越莓曲奇应分配生产工人职工薪酬费用 = 1 350 × 20 = 27 000(元)
椰蓉三角酥应分配生产工人职工薪酬费用 = 1 650 × 20 = 33 000(元)
编制职工薪酬分配表,如表 4-35 所示。

表 4-35　　　　　　　　　　职工薪酬分配表
20×3 年 3 月 31 日　　　　　　　　　　金额单位:元

应借账户		成本(费用)项目	直接计入	分配计入			合计
				分配标准(生产工时)	分配率	分配金额	
生产成本	基本生产成本——蔓越莓曲奇	直接人工		1 350	20	27 000	27 000
	基本生产成本——椰蓉三角酥	直接人工		1 650	20	33 000	33 000
	制造费用	职工薪酬	7 500				7 500
生产成本	辅助生产成本——机修车间	职工薪酬	6 500				6 500
	辅助生产成本——运输车间	职工薪酬	7 000				7 000
	管理费用	职工薪酬	17 000				17 000
	销售费用	职工薪酬	20 000				20 000
	合计		58 000			60 000	118 000

根据职工薪酬汇总表和职工薪酬分配表,填制记账凭证,如表 4-36 所示。

表 4-36　　　　　　　　　　　　　　记账凭证

20×3 年 3 月 31 日　　　　　　　　　　　　　　记字　第　038　号

摘要	会计科目		借方金额	贷方金额	记账
	总账科目	明细科目	千百十万千百十元角分	千百十万千百十元角分	√
分配职工薪酬	生产成本	基本生产成本——蔓越莓曲奇(直接人工)	2 7 0 0 0 0 0		
	生产成本	基本生产成本——椰蓉三角酥(直接人工)	3 3 0 0 0 0 0		
	制造费用		7 5 0 0 0 0		
	生产成本	辅助生产成本(机修车间)	6 5 0 0 0 0		
	生产成本	辅助生产成本(运输车间)	7 0 0 0 0 0		
	管理费用		1 7 0 0 0 0		
	销售费用		2 0 0 0 0 0		
	应付职工薪酬			1 1 8 0 0 0 0 0	
附件 2 张	合计		¥ 1 1 8 0 0 0 0 0	¥ 1 1 8 0 0 0 0 0	

记账　　　　出纳　　　　　　　审核　　　　　　　制单

3. 折旧费用

本月固定资产折旧费用分配表,如表 4-37 所示。

表 4-37　　　　　　　　　　　　　折旧费用分配表

20×3 年 3 月 31 日　　　　　　　　　　　　　　　　　　　　　单位:元

部门		折旧费	合计
基本生产车间		8 760	8 760
辅助生产车间	机修车间	1 100	4 100
	运输车间	3 000	
行政管理部门		2 400	2 400
销售部门		3 000	3 000
合计		18 260	18 260

根据折旧费用分配表,填制记账凭证,如表 4-38 所示。

表 4-38　　　　　　　　　　　　　记账凭证

20×3 年 3 月 31 日　　　　　　　　　　　　　　记字　第　039　号

摘要	会计科目		借方金额	贷方金额	记账
	总账科目	明细科目	千百十万千百十元角分	千百十万千百十元角分	√
计提折旧	制造费用		8 7 6 0 0 0		
	生产成本	辅助生产成本(机修车间)	1 1 0 0 0 0		

(续表)

摘要	会计科目		借方金额	贷方金额	记账
	总账科目	明细科目	千百十万千百十元角分	千百十万千百十元角分	√
	生产成本	辅助生产成本(运输车间)	3 0 0 0 0 0		
	管理费用		2 4 0 0 0 0		
	销售费用		3 0 0 0 0 0		
	累计折旧			1 8 2 6 0 0 0	
附件1张	合计		¥ 1 8 2 6 0 0 0	¥ 1 8 2 6 0 0 0	

记账　　　出纳　　　　　　审核　　　　　　制单

4. 其他费用

本月以银行存款支付的其他各项费用共计16 300元,如表4-39所示。

表4-39　　　　　　　　　其他费用汇总表

20×3年3月31日　　　　　　　　　　　　　　单位:元

部门		成本(费用)项目	金额
基本生产车间		燃料及动力	3 000
辅助生产车间	机修车间	其他费用	500
	运输车间	其他费用	3 500
行政管理部门		办公费等	3 700
销售部门		销售经费等	5 600
合计			16 300

根据其他费用汇总表,填制记账凭证,如表4-40所示。

表4-40　　　　　　　　　　记账凭证

20×3年3月31日　　　　　　　　　　　　记字　第　040　号

摘要	会计科目		借方金额	贷方金额	记账
	总账科目	明细科目	千百十万千百十元角分	千百十万千百十元角分	√
分配其他费用	制造费用		3 0 0 0 0 0		
	生产成本	辅助生产成本(机修车间)	5 0 0 0 0		
	生产成本	辅助生产成本(运输车间)	3 5 0 0 0 0		
	管理费用		3 7 0 0 0 0		
	销售费用		5 6 0 0 0 0		
	银行存款			1 6 3 0 0 0 0	
附件1张	合计		¥ 1 6 3 0 0 0 0	¥ 1 6 3 0 0 0 0	

记账　　　出纳　　　　　　审核　　　　　　制单

5. 辅助生产费用

兴隆食品有限公司两个辅助车间之间劳务交互量较少,因此,采用直接分配法进行分配。辅助生产车间劳务量表,如表 4-41 所示。

表 4-41　　　　　　　　　　　辅助生产车间劳务量表

20×3 年 3 月 31 日

受益部门	机修车间(小时)	运输车间(吨公里)
基本生产车间	220	6 000
行政管理部门	35	500
销售部门	45	1 000
合计	300	7 500

本月"生产成本——辅助生产成本"明细账归集机修车间辅助生产费用共计 8 100 元,运输车间辅助生产费用共计 13 500 元,根据辅助生产车间劳务量表,计算分配辅助生产成本,过程如下:

(1) 计算辅助生产费用分配率。

$$机修车间费用分配率 = \frac{8\,100}{300} = 27$$

$$运输车间费用分配率 = \frac{13\,500}{7\,500} = 1.8$$

(2) 计算各受益部门应分配的辅助生产费用,编制辅助生产费用分配表,如表 4-42 所示。

表 4-42　　　　　　　　　　　辅助生产费用分配表

20×3 年 3 月 31 日

项目	机修车间			运输车间			合计 (元)
	数量 (小时)	单位成本 (分配率)	分配金额 (元)	数量 (吨公里)	单位成本 (分配率)	分配金额 (元)	
待分配费用	300	27.00	8 100	7 500	1.80	13 500	21 600
基本生产车间	220		5 940	6 000		10 800	16 740
行政管理部门	35		945	500		900	1 845
销售部门	45		1 215	1 000		1 800	3 015
合计	300		8 100	7 500		13 500	21 600

(3) 根据辅助生产费用分配表,填制记账凭证,如表 4-43 所示。

表 4-43　　　　　　　　　　　　　　记账凭证

20×3 年 3 月 31 日　　　　　　　　　　记字　第　041　号

摘要	会计科目		借方金额	贷方金额	记账
	总账科目	明细科目	千百十万千百十元角分	千百十万千百十元角分	√
结转分配辅助生产成本	制造费用		1 6 7 4 0 0		
	管理费用		1 8 4 5 0 0		
	销售费用		3 0 1 5 0 0		
	生产成本	辅助生产成本(机修车间)		8 1 0 0 0 0	
	生产成本	辅助生产成本(运输车间)		1 3 5 0 0 0 0	
附件 1 张	合计		¥ 2 1 6 0 0 0 0	¥ 2 1 6 0 0 0 0	

记账　　　　出纳　　　　　　　审核　　　　　　　制单

6. 制造费用

兴隆食品有限公司制造费用按生产工时比例法进行分配。根据"制造费用"账户归集的费用总额和产品生产工时，计算分配率如下：

制造费用分配率 = $\dfrac{36\,000}{1\,350+1\,650}$ = 12

编写制造费用分配表，如表 4-44 所示。

表 4-44　　　　　　　　　　　　　制造费用分配表

20×3 年 3 月 31 日

应借账户		生产工人工时（小时）	分配率	分配金额（元）
生产成本	基本生产成本——蔓越莓曲奇	1 350	12.00	16 200
	基本生产成本——椰蓉三角酥	1 650		19 800
合计		3 000		36 000

根据制造费用分配表，填制记账凭证，如表 4-45 所示。

表 4-45　　　　　　　　　　　　　　记账凭证

20×3 年 3 月 31 日　　　　　　　　　　记字　第　042　号

摘要	会计科目		借方金额	贷方金额	记账
	总账科目	明细科目	千百十万千百十元角分	千百十万千百十元角分	√
结转制造费用	生产成本	基本生产成本——蔓越莓曲奇(制造费用)	1 6 2 0 0 0 0		
	生产成本	基本生产成本——椰蓉三角酥(制造费用)	1 9 8 0 0 0 0		

(续表)

摘要	会计科目		借方金额	贷方金额	记账
	总账科目	明细科目	千百十万千百十元角分	千百十万千百十元角分	√
	制造费用			3 6 0 0 0 0 0	
附件 1 张	合计		¥ 3 6 0 0 0 0 0	¥ 3 6 0 0 0 0 0	

记账　　　出纳　　　　　　　审核　　　　　　　制单

7. 结转完工产品成本

兴隆食品有限公司按照约当产量法在完工产品和在产品之间分配生产费用。蔓越莓曲奇和椰蓉三角酥在生产开始时一次性投料,月末在产品完工程度为50%。

根据月初在产品成本资料表和"生产成本——基本生产成本"明细账,编写产品成本计算表,如表4-46和表4-47所示。

表 4-46　　　　　　　　　　**产品成本计算表**

20×3年3月31日

产品:蔓越莓曲奇
完工数量:2 300 箱　　　　　　　　　　　　　　　　　　　　　完工程度:50%
在产品数量:200 箱　　　　　　　　　　　　　　　　　　　　　金额单位:元

成本项目		直接材料	直接人工	制造费用	合计
月初在产品成本		11 450	1 800	1 800	15 050
本月发生生产费用		52 300	27 000	16 200	95 500
生产费用合计		63 750	28 800	18 000	110 550
约当产量（箱）	完工产品产量	2 300	2 300	2 300	
	月末在产品约当产量	200	100	100	
	小计	2 500	2 400	2 400	
单位成本(元/箱)		25.50	12.00	7.50	45.00
完工产品总成本		58 650	27 600	17 250	103 500
月末在产品成本		5 100	1 200	750	7 050

表 4-47　　　　　　　　　　　　　　产品成本计算表

20×3 年 3 月 31 日

产品:椰蓉三角酥
完工数量:2 600 箱　　　　　　　　　　　　　　　　　　　　　　　完工程度:50%
在产品数量:400 箱　　　　　　　　　　　　　　　　　　　　　　　金额单位:元

成本项目		直接材料	直接人工	制造费用	合计
月初在产品成本		13 020	3 400	2 600	19 020
本月发生生产费用		49 980	33 000	19 800	102 780
生产费用合计		63 000	36 400	22 400	121 800
约当产量（箱）	完工产品产量	2 600	2 600	2 600	
	月末在产品约当产量	400	200	200	
	小计	3 000	2 800	2 800	
单位成本(元/箱)		21.00	13.00	8.00	42.00
完工产品总成本		54 600	33 800	20 800	109 200
月末在产品成本		8 400	2 600	1 600	12 600

根据产品成本计算表,填制记账凭证,如表 4-48 所示。

表 4-48　　　　　　　　　　　　　　记账凭证

20×3 年 3 月 31 日　　　　　　　　　　　　　　　　　　　记字　第 043 号

摘要	会计科目		借方金额	贷方金额	记账√
	总账科目	明细科目	千百十万千百十元角分	千百十万千百十元角分	
结转完工产品成本	库存商品	蔓越莓曲奇	1 0 3 5 0 0 0 0		
	库存商品	椰蓉三角酥	1 0 9 2 0 0 0 0		
	生产成本	基本生产成本——蔓越莓曲奇(直接材料)		5 8 6 5 0 0 0	
	生产成本	基本生产成本——蔓越莓曲奇(直接人工)		2 7 6 0 0 0 0	
	生产成本	基本生产成本——蔓越莓曲奇(制造费用)		1 7 2 5 0 0 0	
	生产成本	基本生产成本——椰蓉三角酥(直接材料)		5 4 6 0 0 0 0	
	生产成本	基本生产成本——椰蓉三角酥(直接人工)		3 3 8 0 0 0 0	
	生产成本	基本生产成本——椰蓉三角酥(制造费用)		2 0 8 0 0 0 0	
附件 2 张	合计		¥2 1 2 7 0 0 0 0	¥2 1 2 7 0 0 0 0	

记账　　　　出纳　　　　　　　　审核　　　　　　　　制单

三、任务练习

20×3年4月,兴隆食品有限公司生产蔓越莓曲奇和椰蓉三角酥两种产品,本月有关成本计算资料如下所述。

(一) 月初在产品成本

请根据上月产品成本计算表填列蔓越莓曲奇和椰蓉三角酥月初在产品成本资料表,如表4-49所示。

表4-49　　　　　　　　　　　　月初在产品成本资料表

　　　　　　　　　　　　　　　　年　月　日　　　　　　　　　　　　　　　　单位:元

产品	直接材料	直接人工	制造费用	合计
蔓越莓曲奇				
椰蓉三角酥				

(二) 本月生产数量

本月蔓越莓曲奇投产2 200箱,完工2 300箱,月末在产品100箱,实际生产工时1 450小时。椰蓉三角酥投产2 300箱,完工2 500箱,月末在产品200箱,实际生产工时1 600小时。

(三) 运用品种法核算业务

1. 材料费用

兴隆食品有限公司本月发出材料汇总表,如表4-50所示。

表4-50　　　　　　　　　　　　　发出材料汇总表

　　　　　　　　　　　　　　　　20×3年4月30日　　　　　　　　　　　　　单位:元

领用部门	用途	材料类别						合计
		低筋面粉	黄油	糖粉	鸡蛋	蔓越莓	椰蓉	
基本生产车间	生产蔓越莓曲奇		17 500	6 220	4 300	11 000		39 020
基本生产车间	生产椰蓉三角酥		14 000	3 546	3 700		9 000	30 246
基本生产车间	生产共同耗用	35 014						35 014
合计		35 014	31 500	9 766	8 000	11 000	9 000	104 280

　　　　　　　　　　　　制表:　　　　　　　　　审核:

两种产品共同耗用材料按照定额耗用量比例分配法进行分配,编制单位产品材料消耗定额表,如表4-51所示。

表4-51　　　　　　　　　　　单位产品材料消耗定额表

产品	投产量(箱)	单位产品消耗定额(千克/箱)
蔓越莓曲奇		2
椰蓉三角酥		1.8

编制材料费用分配表,如表 4-52 所示。

表 4-52　　　　　　　　　　　　材料费用分配表

年　月　日　　　　　　　　　　　　　　　　　　　金额单位:元

应借账户		成本(费用)项目	直接计入	分配计入			合计
				定额消耗量	分配率	分配金额	
生产成本	基本生产成本——蔓越莓曲奇	直接材料					
	基本生产成本——椰蓉三角酥	直接材料					
	小计						
	合计						

根据发出材料汇总表和材料费用分配表,填制记账凭证,如表 4-53 所示。

表 4-53　　　　　　　　　　　　　记账凭证

年　月　日　　　　　　　　　　　　　　　记字　第　号

摘要	会计科目		借方金额	贷方金额	记账 √
	总账科目	明细科目	千百十万千百十元角分	千百十万千百十元角分	
附件　张		合计			

记账　　　　出纳　　　　　　　　审核　　　　　　　　制单

2. 职工薪酬

本月职工薪酬汇总表,如表 4-54 所示。

表 4-54　　　　　　　　　　　　职工薪酬汇总表

20×3 年 4 月 30 日　　　　　　　　　　　　　　　　　　单位:元

人员类别		职工薪酬总额	合计
基本生产车间	管理人员	7 500	68 500
	生产工人	61 000	
辅助生产车间	机修车间人员	6 500	13 500
	运输车间人员	7 000	

(续表)

人员类别	职工薪酬总额	合计
行政管理人员	17 000	17 000
销售部门人员	20 000	20 000
合计	119 000	119 000

按产品实际工时比例分配职工薪酬,编制职工薪酬分配表,如表4-55所示。

表4-55　　　　　　　　　　职工薪酬分配表

年　月　日　　　　　　　　　　　　　　　　　　金额单位:元

应借账户		成本(费用)项目	直接计入	分配计入			合计
				分配标准(生产工时)	分配率	分配金额	
生产成本	基本生产成本——蔓越莓曲奇	直接人工					
	基本生产成本——椰蓉三角酥	直接人工					
	制造费用	职工薪酬					
生产成本	辅助生产成本——机修车间	职工薪酬					
	辅助生产成本——运输车间	职工薪酬					
	管理费用	职工薪酬					
	销售费用	职工薪酬					
	合计						

根据职工薪酬分配表,填制记账凭证,如表4-56所示。

表4-56　　　　　　　　　　记账凭证

年　月　日　　　　　　　　　　　　　　　　记字　第　号

摘要	会计科目		借方金额	贷方金额	记账√
	总账科目	明细科目	千百十万千百十元角分	千百十万千百十元角分	

(续表)

摘要	会计科目		借方金额	贷方金额	记账
	总账科目	明细科目	千百十万千百十元角分	千百十万千百十元角分	√
附件 张		合计			

记账　　　出纳　　　　　　　审核　　　　　　制单

3. 折旧费用

本月固定资产折旧分配表,如表4-57所示。

表4-57　　　　　　　　　　折旧费用分配表

20×3年4月30日　　　　　　　　　　　　　　单位:元

部门		折旧费	合计
基本生产车间		8 760	8 760
辅助生产车间	机修车间	1 100	4 100
	运输车间	3 000	
行政管理部门		2 400	2 400
销售部门		3 000	3 000
合计		18 260	18 260

根据折旧费用分配表,填制记账凭证,如表4-58所示。

表4-58　　　　　　　　　　　记账凭证

　　　　　　　　　　年　月　日　　　　　　　　　记字　第　号

摘要	会计科目		借方金额	贷方金额	记账
	总账科目	明细科目	千百十万千百十元角分	千百十万千百十元角分	√
附件 张		合计			

记账　　　出纳　　　　　　　审核　　　　　　制单

4. 其他费用

本月以银行存款支付的其他各项费用共计16 340元,如表4-59所示。

表 4-59　　　　　　　　　　　其他费用汇总表

20×3 年 4 月 30 日　　　　　　　　　　　　　　　　　　　单位:元

部门		成本(费用)项目	金额
基本生产车间		燃料及动力	2 960
辅助生产车间	机修车间	其他费用	400
	运输车间	其他费用	3 680
行政管理部门		办公费等	3 800
销售部门		销售经费等	5 500
合计			16 340

根据其他费用汇总表,填制记账凭证,如表 4-60 所示。

表 4-60　　　　　　　　　　　　　记账凭证

年　　月　　日　　　　　　　　　　　　　　记字　　第　　号

摘要	会计科目		借方金额	贷方金额	记账√
	总账科目	明细科目	千百十万千百十元角分	千百十万千百十元角分	
附件　张	合计				

记账　　　　　出纳　　　　　　　　　　审核　　　　　　　　制单

5. 辅助生产费用

辅助生产车间劳务量表,如表 4-61 所示。

表 4-61　　　　　　　　　　辅助生产车间劳务量表

20×3 年 4 月 30 日

受益部门	机修车间(小时)	运输车间(吨公里)
基本生产车间	200	6 100
行政管理部门	25	600
销售部门	25	900
合计	250	7 600

根据本月"生产成本——辅助生产成本"明细账户归集的辅助生产费用和辅助生产车间劳务量表,采用直接分配法分配辅助生产费用,编制辅助生产费用分配表,如表 4-62 所示。

表 4-62　　　　　　　　　　　　　辅助生产费用分配表

项目	机修车间			运输车间			合计（元）
	数量（小时）	单位成本（分配率）	分配金额（元）	数量（吨公里）	单位成本（分配率）	分配金额（元）	
待分配费用							
基本生产车间							
行政管理部门							
销售部门							
合计							

根据辅助生产费用分配表,填制记账凭证,如表 4-63 所示。

表 4-63　　　　　　　　　　　　　　记账凭证

年　月　日　　　　　　　　　　　　　　　　　记字　第　号

摘要	会计科目		借方金额	贷方金额	记账 √
	总账科目	明细科目	千百十万千百十元角分	千百十万千百十元角分	
附件　张	合计				

记账　　　　出纳　　　　　　　　　审核　　　　　　　　　制单

6. 制造费用

兴隆食品有限公司制造费用按生产工时比例法进行分配,编制制造费用分配表,如表 4-64 所示。

表 4-64　　　　　　　　　　　　　制造费用分配表

年　月　日

应借账户		生产工人工时(小时)	分配率	分配金额(元)
生产成本	基本生产成本——蔓越莓曲奇			
	基本生产成本——椰蓉三角酥			
	合计			

根据制造费用分配表,填制记账凭证,如表 4-65 所示。

表 4-65　　　　　　　　　　　　　　　　　记账凭证

年　月　日　　　　　　　　　　　　　记字　第　号

摘要	会计科目		借方金额	贷方金额	记账√
	总账科目	明细科目	千百十万千百十元角分	千百十万千百十元角分	
附件　张	合计				

记账　　　　　出纳　　　　　　　审核　　　　　　　　制单

7. 结转完工产品成本

按照约当产量法分配生产费用。蔓越莓曲奇和椰蓉三角酥在生产开始时一次性投料，月末在产品完工程度为 50%。计算时保留两位小数，差额计入在产品成本。

根据月初在产品成本资料表和"生产成本——基本生产成本"明细账，编制产品成本计算表，如表 4-66 和表 4-67 所示。

表 4-66　　　　　　　　　　　　　　产品成本计算表

年　月　日

产品：
完工数量：　　　　　　　　　　　　　　　　　　　　　　　　　　完工程度：
在产品数量：　　　　　　　　　　　　　　　　　　　　　　　　　金额单位：

成本项目		直接材料	直接人工	制造费用	合计
月初在产品成本					
本月发生生产费用					
生产费用合计					
约当产量（箱）	完工产品产量				
	月末在产品约当产量				
	小计				
单位成本（元/箱）					
完工产品总成本					
月末在产品成本					

表 4-67　　　　　　　　　　　　产品成本计算表

年　月　日

产品：
完工数量：　　　　　　　　　　　　　　　　　　　完工程度：
在产品数量：　　　　　　　　　　　　　　　　　　金额单位：

成本项目		直接材料	直接人工	制造费用	合计
月初在产品成本					
本月发生生产费用					
生产费用合计					
约当产量（箱）	完工产品产量				
	月末在产品约当产量				
	小计				
单位成本（元/箱）					
完工产品总成本					
月末在产品成本					

根据产品成本计算表，填制记账凭证，如表 4-68 所示。

表 4-68　　　　　　　　　　　　　记账凭证

年　月　日　　　　　　　　　　　记字　第　号

摘要	会计科目		借方金额	贷方金额	记账 √
	总账科目	明细科目	千百十万千百十元角分	千百十万千百十元角分	
附件　张		合计			

记账　　　　出纳　　　　　　　　审核　　　　　　　　制单

项目测评

一、单项选择题

1. 下列关于品种法的说法中,正确的是(　　)。
   A. 适用于单步骤、小量生产的企业
   B. 品种法一般不需要定期计算产品成本
   C. 生产按流水线组织或管理上不要求按照生产步骤计算产品成本情况下,可以按照品种法计算产品成本
   D. 生产成本不需要在完工产品和在产品之间进行分配

2. 品种法的产品生产成本计算表应按(　　)分别开设。
   A. 产品品种　　　　　　　　　　B. 产品批别
   C. 生产步骤　　　　　　　　　　D. 产品品种及半成品

3. 品种法适用的生产组织是(　　)。
   A. 大量成批生产　　　　　　　　B. 大量大批生产
   C. 大量小批生产　　　　　　　　D. 单件小批生产

4. 下列关于品种法的叙述中,不正确的是(　　)。
   A. 主要适用于单件小批单步骤生产的企业
   B. 适用于单步骤大量生产的企业
   C. 一般在每月月末计算产品成本
   D. 如果只生产一种产品,则不需要在成本计算对象之间进行生产费用的分配

5. 企业产品成本的计算最终是通过(　　)账户进行的。
   A. "制造成本"　　　　　　　　　B. "生产成本——基本生产成本"
   C. "制造费用"　　　　　　　　　D. "生产成本——辅助生产成本"

6. 区分各种产品成本计算基本方法的标志是(　　)。
   A. 成本计算期间　　　　　　　　B. 成本计算对象
   C. 计入费用的分配方法　　　　　D. 在产品费用的分配方法

7. 下列关于品种法的叙述中,正确的是(　　)。
   A. 只适用单步骤大量大批生产的企业
   B. 只要是多步骤工艺大量生产的企业,无论管理要求如何,均不适用
   C. 品种法成本核算周期应与产品生产周期一致
   D. 月末有大量在产品的,应选择合适的方法分配产成品和在产品成本

8. 品种法是产品成本计算的(　　)。
   A. 主要方法　　　　　　　　　　B. 重要方法
   C. 最基本方法　　　　　　　　　D. 最一般方法

9. 下列选项中,适用于大量、大批单步骤生产的产品成本计算方法的是(　　)。
   A. 品种法　　B. 分类法　　C. 分步法　　D. 分批法

10. 品种法一般以(　　)为成本计算周期。
    A. 年　　　　B. 日　　　　C. 月　　　　D. 生产周期

二、多项选择题

1. 品种法是产品成本计算最基本的方法,这是因为(   )。
   A. 品种法计算成本最简单
   B. 任何成本计算方法最终都要计算出各品种的成本
   C. 品种法的成本计算程序最有代表性
   D. 品种法需要按月计算产品成本

2. 产品成本计算品种法的特点包括(   )。
   A. 分步计算产品成本
   B. 不分步计算产品成本
   C. 分批计算产品成本
   D. 分品种计算产品成本

3. 下列关于品种法的表述中,正确的有(   )。
   A. 适用于单步骤、大量大批生产的企业
   B. 适用于单件、小批生产的企业
   C. 定期计算产品成本
   D. 成本核算对象是产品品种

4. 下列关于品种法的叙述中,不正确的有(   )。
   A. 品种法不需要在各种产品之间分配费用,也不需要在完工产品和月末在产品之间分配费用,所以也称简单法
   B. 从生产工艺过程看,品种法只适用于简单生产
   C. 品种法一般适用于计算大量、大批、单步骤生产的产品成本
   D. 品种法一般适用于小批、单件,管理上不要求分步骤计算成本的多步骤生产

5. 品种法的成本核算程序有(   )。
   A. 按品种开设的成本计算单归集直接费用
   B. 归集并分配辅助生产费用
   C. 归集并分配制造费用
   D. 将成本计算单归集的费用在完工产品与在产品之间分配
   E. 计算出的各种产品成本编制"完工产品成本汇总计算表"并结转完工产品成本

三、判断题

1. 品种法只适用于单步骤生产企业。(   )
2. 品种法的成本计算期与会计报告期一致,与生产周期不一致。(   )
3. 每个企业最终都必须按照产品的品种计算出产品成本,因此,品种法是成本计算方法中最基本的方法。(   )
4. 企业按照客户订单分批次组织产品生产的情况下,应当采用品种法计算产品成本。(   )
5. 品种法下计算完工产品成本一般是不定期的,可以是月中,也可以是年末。(   )

四、综合实训题

兴旺公司 20×3 年 6 月投产甲产品 400 件,完工 350 件;投产乙产品 200 件,全部完工。甲、乙产品均系生产开始时一次性投料,月末在产品完工程度为 50%,分配率保留两位小数。月初在产品资料表,如表 4-69 所示。

表 4-69　　　　　　　　　　　　　月初在产品资料表

20×3 年 6 月 1 日　　　　　　　　　　　　　　　金额单位:元

产品	数量(件)	直接材料	直接人工	制造费用	合计
甲产品	50	34 000	4 400	3 000	41 400
乙产品	0	0	0	0	0

(1) 本月两种产品共同领用 A 材料 94 500 元,按定额耗用量比例分配法进行分配,甲产品 A 材料消耗定额 1.25 千克,乙产品 A 材料消耗定额 2 千克;甲产品直接领用 B 材料 80 000 元,乙产品直接领用 B 材料 60 000 元,完成材料费用分配表,如表 4-70 所示。

表 4-70　　　　　　　　　　　　　材料费用分配表

年　月　日　　　　　　　　　　　　　　　金额单位:元

应借账户		成本(费用)项目	直接计入	分配计入			合计
				定额消耗量	分配率	分配金额	
生产成本	基本生产成本——甲产品	直接材料					
	基本生产成本——乙产品	直接材料					
	小计						
合计							

(2) 本月两种产品共耗生产工时 6 000 小时,其中:甲产品 3 200 小时,乙产品 2 800 小时,生产工人薪酬按生产工时分配。本月基本生产车间生产工人薪酬共计 61 200 元,车间管理人员薪酬 8 000 元,厂部管理人员薪酬 30 000 元,销售部门人员薪酬 20 000 元,完成应付职工薪酬分配表,如表 4-71 所示。

表 4-71　　　　　　　　　　　　　应付职工薪酬分配表

年　月　日　　　　　　　　　　　　　　　金额单位:元

应借账户		成本(费用)项目	直接计入	分配计入			合计
				分配标准(生产工时)	分配率	分配金额	
生产成本	基本生产成本——甲产品	直接人工					
	基本生产成本——乙产品	直接人工					
	小计						
制造费用		职工薪酬					
管理费用		职工薪酬					
销售费用		职工薪酬					
合计							

(3) 计提本月的固定资产折旧费共 27 200 元,其中:生产车间折旧 17 000 元,管理部门折旧 5 400 元,销售部门折旧 4 800 元,完成折旧费用汇总表,如表 4-72 所示。

表 4-72　　　　　　　　　　　　　折旧费用汇总表
　　　　　　　　　　　　　　　　　年　月　日　　　　　　　　　　　　　　　　　　单位:元

部门	金额
生产车间	
管理部门	
销售部门	
合计	

(4) 银行存款支付本月电费共 9 300 元,其中:生产车间耗电 15 000 度,管理部门耗电 270 度,销售部门耗电 230 度,完成电费分配表,如表 4-73 所示。

表 4-73　　　　　　　　　　　　　　电费分配表
　　　　　　　　　　　　　　　　　年　月　日

部门	成本(费用)项目	度数(度)	金额(元)
生产车间	电费		
管理部门	电费		
销售部门	电费		
合计			

(5) 本月以银行存款支付生产车间办公费 2 000 元,管理部门办公费 6 800 元,销售部门办公费 3 700 元,完成其他费用分配表,如表 4-74 所示。

表 4-74　　　　　　　　　　　　　其他费用分配表
　　　　　　　　　　　　　　　　　年　月　日

部门	成本(费用)项目	金额(元)
生产车间	办公费	
管理部门	办公费	
销售部门	办公费	
合计		

(6) 归集本月制造费用,按照产品生产工时分配,完成制造费用分配表,如表 4-75 所示。

表 4-75　　　　　　　　　　　　　　制造费用分配表
年　月　日

应借账户		生产工人工时(小时)	分配率	分配金额(元)
生产成本	基本生产成本——甲产品			
	基本生产成本——乙产品			
	合计			

（7）计算完工产品成本，完成产品成本计算表，如表 4-76 和表 4-77 所示。

表 4-76　　　　　　　　　　　　　　产品成本计算表
年　月　日

产品：
完工数量：　　　　　　　　　　　　　　　　　　　　　　　　　完工程度：
在产品数量：　　　　　　　　　　　　　　　　　　　　　　　　金额单位：

成本项目		直接材料	直接人工	制造费用	合计
月初在产品成本					
本月发生生产费用					
生产费用合计					
约当产量（件）	完工产品产量				
	月末在产品约当产量				
	小计				
单位成本(元/件)					
完工产品总成本					
月末在产品成本					

表 4-77　　　　　　　　　　　　　　产品成本计算表
年　月　日

产品：
完工数量：　　　　　　　　　　　　　　　　　　　　　　　　　完工程度：
在产品数量：　　　　　　　　　　　　　　　　　　　　　　　　金额单位：

成本项目		直接材料	直接人工	制造费用	合计
月初在产品成本					
本月发生生产费用					
生产费用合计					
约当产量（件）	完工产品产量				
	月末在产品约当产量				
	小计				

(续表)

成本项目	直接材料	直接人工	制造费用	合计
单位成本(元/件)				
完工产品总成本				
月末在产品成本				

 思政之窗

"天下大事必作于细,天下难事必作于易。"产品成本的准确计算需要经历诸多步骤,每一个步骤的计算和账务处理都关乎最终产品成本信息的准确性。同学们要戒急戒躁、认真细致,确保每个步骤都准确无误。

项目五　分批法

项目描述

本项目的主要内容是学习产品成本计算的分批法。产品成本计算的分批法,是按照产品的批别归集生产费用、计算产品成本的方法。在单件、小批生产类型的企业中,生产多是根据购货单位的订单组织的,因此分批法也称订单法。分批法按其采用间接计入费用的分配方法不同,可分为一般分批法和简化分批法。

学习目标

【知识目标】

1. 了解一般分批法、简化分批法的定义、特点。
2. 理解一般分批法、简化分批法的适用范围。
3. 掌握分批法的成本计算程序。

【技能目标】

1. 能运用一般分批法进行成本的分配。
2. 能运用简化分批法进行成本的分配。

【素质目标】

提高学生的沟通协调能力,培养团队合作意识。

思维导图

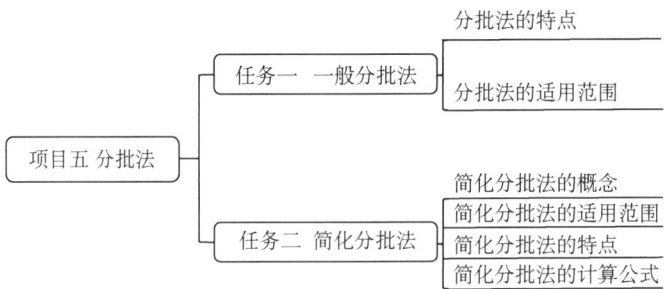

项目导入

随着社会的发展进步,网络为全球的沟通提供了更好的平台,而产品个性化已经成为整个社会需求的趋势,私人定制已不再稀奇。心悦服装有限公司主要生产卫衣,生产过程分为裁剪、缝纫和成衣三个加工步骤。为加强成本管理,管理者要求成本核算部门及时提供产品成本资料和批次成本资料。公司发生的生产费用中,布料费用和人工费用所占的比重较大。该公司设有一个基本生产车间和两个辅助生产车间(运输车间和机修车间)。对于不同要求的订单,该公司应如何核算成本呢?

任务一　一般分批法

一、知识准备

(一) 分批法的特点

(1) 分批法的成本计算对象是产品的批别。由于在单件小批生产类型的企业中,生产通常是根据购货单位的订单组织的,但严格说来,按批别组织生产,并不一定就是按订单组织生产,还要结合企业自身的生产负荷能力,来合理组织安排产品生产的批量与批次。

(2) 分批法是以产品的生产周期作为成本计算期的。采用分批法计算产品成本的企业,虽然各批产品的成本计算仍按月归集生产费用,但是只有在该批产品全部完工时才能计算其实际成本。由于各批产品的生产复杂程度不同,质量、数量要求也不同,生产周期也就各不相同。有的批次当月投产,当月完工;有的批次要经过数月甚至数年才能完工。可见,完工产品的成本计算因各批次的生产周期而异,是不定期的。所以,分批法的成本计算期与产品的生产周期一致,与会计报告期不一致。

(3) 生产费用一般不需要在完工产品和在产品之间分配。在单件或小批生产、购货单位要求一次交货的情况下,每批产品要求同时完工。这样,该批产品完工前的成本明细账上所归集的生产费用,就是在产品成本;完工后的成本明细账上所归集的生产费用,就是完工产品成本。因此,通常情况下,生产费用不需要在完工产品和在产品之间分配。

(二) 分批法的适用范围

分批法适用于单件、小批生产类型的企业,主要包括以下类型:

(1) 单件、小批生产的重型机器制造、船舶制造、精密工具仪器制造企业。

(2) 不断更新产品种类的服装、印刷等制造企业。

(3) 新产品的试制、机器设备的修理作业以及辅助生产的工具、器具、模具的制造等,亦可采用分批法计算成本。

二、任务案例

心悦服装有限公司主要生产卫衣,该公司根据市场变化和季节变化生产不同批次服装,采用一般分批法计算产品成本。20×3年7月份的产品产量及完工期订单,如表5-1所示。

表5-1　　　　　　　　产品产量及完工期订单

在产品名称	批号	产量(件)	投产日期	完工日期	提前交货
卫衣	2219	50	5月	7月	
卫衣	2220	100	6月	8月	本月完工90件
卫衣	2231	110	7月	9月	

期初在产品明细表,如表5-2所示。

表 5-2　　　　　　　　　　　　　　期初在产品明细表

20×3 年 7 月 1 日　　　　　　　　　　　　　　单位:元

在产品名称	批号	直接材料	直接人工	制造费用	合计
卫衣	2219	13 760	3 640	1 780	19 180
卫衣	2220	23 140	5 870	3 890	32 900

根据各种费用分配表,汇总各批产品本月发生的生产费用,本月生产费用汇总表,如表 5-3 所示。

表 5-3　　　　　　　　　　　　　　本月生产费用汇总表

20×3 年 7 月 31 日　　　　　　　　　　　　　单位:元

在产品名称	批号	直接材料	直接人工	制造费用	合计
卫衣	2219		2 980	4 120	7 100
卫衣	2220		6 120	6 550	12 670
卫衣	2231	17 540	5 740	3 010	26 290

2219 批号卫衣,本月全部完工,其产品成本明细账上归集的生产费用合计全部是完工产品成本,将其除以完工产品产量,得到完工产品单位成本。

2220 批号卫衣,本月月末完工产品数量较大,原材料生产开始时一次性投入,按照约当产量法在完工产品和在产品之间分配生产费用,在产品完工程度为 70%。

2231 批号卫衣,本月全部未完工,本月发生的生产费用合计全部是月末在产品成本。

根据上述各项资料登记各批产品基本生产成本明细账及完工产品成本汇总表,如表 5-4 至表 5-7 所示。

表 5-4　　　　　　　　　　　　　　基本生产成本明细账

20×3 年 7 月 31 日

产品批号:2219　　　　　　　　　　　　　　　　　　　　　　　投产日期:20×3 年 5 月
产品名称:卫衣　　　　　　　　　　　　　　　　　　　　　　　完工日期:20×3 年 7 月
生产批量:50 件　　　　　　　　　　　　　　　　　　　　　　　金额单位:元

摘要	直接材料	直接人工	制造费用	合计
月初在产品费用	13 760	3 640	1 780	19 180
本月生产费用		2 980	4 120	7 100
累计	13 760	6 620	5 900	26 280
完工产品成本	13 760	6 620	5 900	26 280
单位产品成本(元/件)	275.2	132.4	118	525.6

表 5-5 基本生产成本明细账
20×3 年 7 月 31 日

产品批号:2220　　　　　　　　　　　　　　　　　　　　　投产日期:20×3 年 6 月
产品名称:卫衣　　　　　　　　　　　　　　　　　　　　　完工日期:20×3 年 8 月
生产批量:100 件,完工 90 件　　　　　　　　　　　　　　　单位:元

摘要	直接材料	直接人工	制造费用	合计
月初在产品费用	23 140	5 870	3 890	32 900
本月生产费用		6 120	6 550	12 670
累计	23 140	11 990	10 440	45 570
分配率	231.4	123.61	107.63	426.64
完工产品成本	20 826	11 124.9	9 686.7	41 637.6
月末在产品成本	2 314	865.1	753.3	3 932.4

表 5-5 中：

直接材料费用分配率 $=\dfrac{23\ 140}{90+10}=231.4$

完工产品直接材料费用 $=231.4\times 90=20\ 826$(元)

月末在产品直接材料费用 $=231.4\times 10=2\ 314$(元)

月末在产品约当产量 $=10\times 70\%=7$(件)

直接人工费用分配率 $=\dfrac{11\ 990}{90+7}=123.61$

完工产品直接人工费用 $=123.61\times 90=11\ 124.9$(元)

月末在产品直接人工费用 $=11\ 990-11\ 124.9=865.1$(元)

制造费用分配率 $=\dfrac{10\ 440}{90+7}=107.63$

完工产品制造费用 $=107.63\times 90=9\ 686.7$(元)

月末在产品制造费用 $=10\ 440-9\ 686.7=753.3$(元)

表 5-6 基本生产成本明细账
20×3 年 7 月 31 日

产品批号:2231　　　　　　　　　　　　　　　　　　　　　投产日期:20×3 年 7 月
产品名称:卫衣　　　　　　　　　　　　　　　　　　　　　完工日期:20×3 年 9 月
生产批量:110 件　　　　　　　　　　　　　　　　　　　　单位:元

摘要	直接材料	直接人工	制造费用	合计
月初在产品费用				
本月生产费用	17 540	5 740	3 010	26 290
累计	17 540	5 740	3 010	26 290
完工产品成本				
月末在产品成本	17 540	5 740	3 010	26 290

表 5-7 完工产品成本汇总表

20×3 年 7 月 31 日　　　　　　　　　　　　　　　　　　金额单位：元

产品批别	完工数量（件）	直接材料	直接人工	制造费用	合计
2219 卫衣	50	13 760	6 620	5 900	26 280
2220 卫衣	90	20 826	11 124.9	9 686.7	41 637.6

根据以上成本计算结果，完工产品入库，填制记账凭证，如表 5-8 和表 5-9 所示。

表 5-8 记账凭证

20×3 年 07 月 31 日　　　　　　　　　　　　　　　　　记字　第　1　号

| 摘要 | 会计科目 | | 借方金额 | 贷方金额 | 记账 |
	总账科目	明细科目	千百十万千百十元角分	千百十万千百十元角分	√
结转完工产品成本	库存商品	2219 卫衣	2 6 2 8 0 0 0		
	生产成本	基本生产成本——2219 卫衣（直接材料）		1 3 7 6 0 0 0	
	生产成本	基本生产成本——2219 卫衣（直接人工）		6 6 2 0 0 0	
	生产成本	基本生产成本——2219 卫衣（制造费用）		5 9 0 0 0 0	
附件 1 张	合计		¥ 2 6 2 8 0 0 0	¥ 2 6 2 8 0 0 0	

记账　　　出纳　　　　　　　审核　　　　　　　制单

表 5-9 记账凭证

20×3 年 07 月 31 日　　　　　　　　　　　　　　　　　记字　第　2　号

| 摘要 | 会计科目 | | 借方金额 | 贷方金额 | 记账 |
	总账科目	明细科目	千百十万千百十元角分	千百十万千百十元角分	√
结转完工产品成本	库存商品	2220 卫衣	4 1 6 3 7 6 0		
	生产成本	基本生产成本——2220 卫衣（直接材料）		2 0 8 2 6 0 0	
	生产成本	基本生产成本——2220 卫衣（直接人工）		1 1 1 2 4 9 0	
	生产成本	基本生产成本——2220 卫衣（制造费用）		9 6 8 6 7 0	
附件 1 张	合计		¥ 4 1 6 3 7 6 0	¥ 4 1 6 3 7 6 0	

记账　　　出纳　　　　　　　审核　　　　　　　制单

三、任务练习

心悦服装有限公司20×3年7月份产品产量及完工期订单,如表5-10所示。

表5-10 产品产量及完工期订单

在产品名称	批号	产量(件)	投产日期	完工日期	提前交货
卫衣	2219	60	5月	7月	
卫衣	2220	110	6月	8月	本月完工100件
卫衣	2231	120	7月	9月	

本月的期初在产品明细表,如表5-11所示。

表5-11 期初在产品明细表
20×3年7月1日　　　　　　　　　　　　　　　　　　　单位:元

在产品名称	批号	直接材料	直接人工	制造费用	合计
卫衣	2219	15 000	3 600	1 700	20 300
卫衣	2220	20 000	5 800	3 800	29 600

根据各种费用分配表,汇总各批产品本月发生的生产费用,本月生产费用汇总表,如表5-12所示。

表5-12 本月生产费用汇总表
20×3年7月31日　　　　　　　　　　　　　　　　　　　单位:元

在产品名称	批号	直接材料	直接人工	制造费用	合计
卫衣	2219		3 000	4 000	7 000
卫衣	2220		6 000	6 000	12 000
卫衣	2231	17 000	5 000	3 000	25 000

2219批号卫衣本月全部完工;2220批号卫衣本月部分完工,原材料在生产开始时一次性投入,按照约当产量法分配生产费用,在产品完工程度为70%;2231批号卫衣本月全部未完工。

要求:根据上述各项资料登记各批产品基本生产成本明细账及完工产品成本汇总表(表5-13至表5-16),并填制结转完工产品的记账凭证(表5-17和表5-18)。

表5-13 基本生产成本明细账
20×3年7月31日

产品批号:2219　　　　　　　　　　　　　　　　　　　　　　　　　　　投产日期:
产品名称:卫衣　　　　　　　　　　　　　　　　　　　　　　　　　　　完工日期:
生产批量:　　　　　　　　　　　　　　　　　　　　　　　　　　　　　金额单位:元

摘要	直接材料	直接人工	制造费用	合计
月初在产品费用				
本月生产费用				

(续表)

摘要	直接材料	直接人工	制造费用	合计
累计				
完工产品成本				
单位产品成本(元/件)				

表 5-14　　　　　　　　　　　　基本生产成本明细账
20×3 年 7 月 31 日

产品批号:2220　　　　　　　　　　　　　　　　　　　　投产日期:
产品名称:卫衣　　　　　　　　　　　　　　　　　　　　完工日期:
生产批量:　　　　　　　　　　　　　　　　　　　　　金额单位:元

摘要	直接材料	直接人工	制造费用	合计
月初在产品费用				
本月生产费用				
累计				
分配率				
完工产品成本				
月末在产品成本				

表 5-15　　　　　　　　　　　　基本生产成本明细账
20×3 年 7 月 31 日

产品批号:2231　　　　　　　　　　　　　　　　　　　　投产日期:
产品名称:卫衣　　　　　　　　　　　　　　　　　　　　完工日期:
生产批量:　　　　　　　　　　　　　　　　　　　　　　单位:元

摘要	直接材料	直接人工	制造费用	合计
月初在产品费用				
本月生产费用				
累计				
完工产品成本				
月末在产品成本				

表 5-16　　　　　　　　　　　　完工产品成本汇总表
20×3 年 7 月 31 日　　　　　　　　　　　　　　　金额单位:元

产品批别	完工数量(件)	直接材料	直接人工	制造费用	合计
2219 卫衣					
2220 卫衣					

表 5-17

记账凭证

年　月　日　　　　　　　　　　　　记字　第　号

摘要	会计科目		借方金额	贷方金额	记账
	总账科目	明细科目	千百十万千百十元角分	千百十万千百十元角分	√
附件　张	合计				

记账　　　　出纳　　　　　　　　审核　　　　　　　　制单

表 5-18

记账凭证

年　月　日　　　　　　　　　　　　记字　第　号

摘要	会计科目		借方金额	贷方金额	记账
	总账科目	明细科目	千百十万千百十元角分	千百十万千百十元角分	√
附件　张	合计				

记账　　　　出纳　　　　　　　　审核　　　　　　　　制单

任务二　简化分批法

一、知识准备

(一) 简化分批法的概念

在生产周期较长的单件、小批生产的企业(如机械厂和修理厂)或车间中，往往投产的批别多，当月未完工产品的批数也很多。若仍然按月将间接成本在各批产品之间进行分配，则成本计算和成本计算单登记工作量都很大。因此，如果企业每月月末都有较多批别的产品没有完工，可以采用简化分批法计算产品成本。

简化分批法是指只对完工批次产品分配间接费用的方法。使用简化分批法的企业每月发生的直接费用(材料)将直接计入各批产品生产明细账，每月发生的间接费用先累计，等到产品完工时再按完工产品累计工时比例，在各批完工产品之间进行分配。该方法又称不分批计算在产品成本的分批法。

(二) 简化分批法的适用范围

简化分批法一般适用于生产周期较长、批别较多、月末未完工批别也较多,且各月间接计入费用水平相差不多的小批单件生产的企业。在各月间接费用水平相差悬殊或月末未完工产品的批数不多的情况下不宜采用该方法。

(三) 简化分批法的特点

(1) 只对完工产品分配间接费用,月末在产品不再分配间接费用。

(2) 设置"基本生产成本"二级账,增设"生产工时"专栏,累计企业全部批别产品的直接材料、直接人工、制造费用和生产工时,平时只登记"直接材料"和"生产工时"栏,间接费用不登记。已完工批别产品成本从该账户贷方结转,月末余额反映在产品成本。

(3) 可以简化费用分配和登记工作,月末未完工产品的批次越多,工作越简化。

(四) 简化分批法的计算公式

简化分批法下,间接计入费用在各批完工产品之间的分配,一般是按照完工产品累计生产工时的比例进行的。其计算公式如下:

$$全部产品累计间接计入费用分配率 = \frac{全部产品累计间接计入费用}{全部产品累计工时}$$

$$某批完工产品应负担的间接计入费用 = 该批完工产品累计工时 \times 全部产品累计间接计入费用分配率$$

二、任务案例

华润公司小批生产多种产品,由于产品批数多,为了简化成本计算工作,采用简化的分批法计算成本。

该公司 20×3 年 9 月份的产品产量及完工期订单,如表 5-19 所示。

表 5-19 产品产量及完工期订单

在产品名称	批号	产量(件)	投产日期	完工日期	提前交货
甲产品	2210	6	7 月	9 月	
甲产品	2211	8	8 月	10 月	
乙产品	2241	12	8 月	11 月	本月完工 2 件,完工产品工时为 10 460 小时
丙产品	2261	4	9 月	10 月	

本月上述四种产品的期初在产品成本明细表,如表 5-20 所示。

表 5-20 期初在产品明细表

20×3 年 9 月 1 日 金额单位:元

产品批别	直接材料	累计工时(小时)	直接人工	制造费用	合计
2210	6 930	14 300			
2211	9 840	19 070			

(续表)

产品批别	直接材料	累计工时(小时)	直接人工	制造费用	合计
2241	13 350	28 630			
合计	30 120	62 000	23 850	36 060	90 030

根据各种费用分配表,汇总各批产品本月发生的生产费用。本月生产费用汇总表,如表5-21所示。

表 5-21　　　　　　　　　　本月生产费用汇总表

20×3 年 9 月 30 日　　　　　　　　　　　　　金额单位:元

产品批别	直接材料	累计工时(小时)	直接人工	制造费用	合计
2210	1 210	16 700			
2211	2 980	42 080			
2241		14 140			
2261	19 910	28 580			
合计	24 100	101 500	41 550	45 690	111 340

根据上述资料,开设并填制基本生产成本二级账(表5-22)2210、2211、2241、2261四种批次产品成本明细账(表5-23至表5-26)和完工产品成本汇总表(表5-27)。

表 5-22　　　　　　　　基本生产成本二级账(各批产品总成本)

20×3 年 9 月 30 日　　　　　　　　　　　　　金额单位:元

| 20×3 年 | | 摘要 | 直接材料 | 生产工时(小时) | 直接人工 | 制造费用 | 合计 |
月	日						
9	01	月初在产品成本	30 120	62 000	23 850	36 060	90 030
9	30	本月发生生产费用	24 100	101 500	41 550	45 690	111 340
9	30	累计生产费用	54 220	163 500	65 400	81 750	201 370
9	30	全部产品累计间接计入费用分配率	—	—	0.4	0.5	—
9	30	转出完工产品成本	10 365	41 460	16 584	20 730	47 679
9	30	月末在产品成本	43 855	122 040	48 816	61 020	153 691

表 5-22 中:

直接人工累计分配率 $=\dfrac{65\ 400}{163\ 500}=0.4$

制造费用累计分配率 $=\dfrac{81\ 750}{163\ 500}=0.5$

表 5-23　　　　　　　　　　　　产品成本明细账
20×3 年 9 月 30 日

产品批号:2210　　　　　　　　　　　　　　　　　　　　投产日期:20×3 年 7 月
产品名称:甲产品　　　　　　　　　　　　　　　　　　　完工日期:20×3 年 9 月
生产批量:6 件　　　　　　　　　　　　　　　　　　　　　金额单位:元

摘要	直接材料	生产工时(小时)	直接人工	制造费用	合计
月初在产品费用	6 930	14 300			
本月生产费用	1 210	16 700			
累计生产费用	8 140	31 000			
分配率			0.4	0.5	
转出完工产品成本	8 140	31 000	12 400	15 500	36 040
完工产品单位成本(元/件)	1 356.67		2 066.67	2 583.33	6 006.67

完工产品应负担的直接人工费用＝31 000×0.4＝12 400(元)
完工产品应负担的制造费用＝31 000×0.5＝15 500(元)

表 5-24　　　　　　　　　　　　产品成本明细账
20×3 年 9 月 30 日

产品批号:2211　　　　　　　　　　　　　　　　　　　　投产日期:20×3 年 8 月
产品名称:甲产品　　　　　　　　　　　　　　　　　　　完工日期:20×3 年 10 月
生产批量:8 件　　　　　　　　　　　　　　　　　　　　　金额单位:元

摘要	直接材料	生产工时(小时)	直接人工	制造费用	合计
月初在产品费用	9 840	19 070			
本月生产费用	2 980	42 080			
累计生产费用	12 820	61 150			12 820

表 5-25　　　　　　　　　　　　产品成本明细账
20×3 年 9 月 30 日

产品批号:2241　　　　　　　　　　　　　　　　　　　　投产日期:20×3 年 8 月
产品名称:乙产品　　　　　　　　　　　　　　　　　　　完工日期:20×3 年 11 月
生产批量:12 件,本月完工 2 件　　　　　　　　　　　　　金额单位:元

摘要	直接材料	生产工时(小时)	直接人工	制造费用	合计
月初在产品费用	13 350	28 630			
本月生产费用		14 140			
累计生产费用	13 350	42 770			
分配率	1 112.5		0.4	0.5	
转出完工产品成本	2 225	10 460	4 184	5 230	11 639
完工产品单位成本(元/件)	1 112.5		2 092	2 615	5 819.5
月末在产品成本	11 125	32 310			11 125

完工产品应负担的直接材料费用 = $\dfrac{13\,350}{12} \times 2 = 2\,225$(元)

完工产品应负担的直接人工费用 = $10\,460 \times 0.4 = 4\,184$(元)

完工产品应负担的制造费用 = $10\,460 \times 0.5 = 5\,230$(元)

表 5-26　　　　　　　　　　　　产品成本明细账

20×3 年 9 月 30 日

产品批号:2261　　　　　　　　　　　　　　　　　　　　　　　投产日期:20×3 年 9 月
产品名称:丙产品　　　　　　　　　　　　　　　　　　　　　　完工日期:20×3 年 10 月
生产批量:4 件　　　　　　　　　　　　　　　　　　　　　　　　金额单位:元

摘要	直接材料	生产工时(小时)	直接人工	制造费用	合计
本月生产费用	19 910	28 580			19 910

填制完工产品成本汇总表,如表 5-27 所示。

表 5-27　　　　　　　　　　　　完工产品成本汇总表

20×3 年 9 月 30 日　　　　　　　　　　　　　　　　　　　　　金额单位:元

产品批别	完工数量(件)	直接材料	直接人工	制造费用	合计
2210	6	8 140	12 400	15 500	36 040
2241	2	2 225	4 184	5 230	11 639
合计		10 365	16 584	20 730	47 679

三、任务练习

华润公司 20×3 年 9 月份的产品产量及完工期订单,如表 5-28 所示。

表 5-28　　　　　　　　　　　　产品产量及完工期订单

在产品名称	批号	产量(件)	投产日期	完工日期	提前交货(件)
甲产品	2210	8	7 月	9 月	
甲产品	2211	6	8 月	10 月	
乙产品	2241	13	8 月	11 月	本月完工 3 件,完工产品工时为 10 000 小时
丙产品	2261	4	9 月	10 月	

本月上述四种产品的期初在产品成本明细表,如表 5-29 所示。

表 5-29　　　　　　　　　　　　期初在产品明细表

20×3 年 9 月 1 日　　　　　　　　　　　　　　　　　　　　　金额单位:元

产品批别	直接材料	累计工时(小时)	直接人工	制造费用	合计
2210	7 000	14 000			
2211	9 000	18 000			
2241	13 000	28 000			
合计	29 000	60 000	24 000	36 000	89 000

根据各种费用分配表,汇总各批产品本月发生的生产费用。本月生产费用汇总表,如表5-30所示。

表 5-30　　　　　　　　　　　　　　本月生产费用汇总表

20×3 年 9 月 30 日　　　　　　　　　　　　　　　　金额单位:元

产品批别	直接材料	累计工时(小时)	直接人工	制造费用	合计
2210	1 000	16 000			
2211	3 000	42 000			
2241		14 000			
2261	20 000	28 000			
合计	24 000	100 000	42 000	54 000	120 000

根据上述资料,开设并填制基本生产成本二级账(表5-31),2210、2211、2241、2261四种批次产品成本计算单(表5-32至表5-35)和完工产品成本汇总表(表5-36)。(分配率若能整除,则按实际得数计算;若不能整除,则保留两位小数)

表 5-31　　　　　　　　　　　　基本生产成本二级账(各批产品总成本)

20×3 年 9 月 30 日　　　　　　　　　　　　　　　　金额单位:元

20×3 年		摘要	直接材料	生产工时(小时)	直接人工	制造费用	合计
月	日						
9	01	月初在产品成本					
9	30	本月发生生产费用					
9	30	累计生产费用					
9	30	全部产品累计间接计入费用分配率					
9	30	转出完工产品成本					
9	30	月末在产品成本					

表 5-32　　　　　　　　　　　　　　产品成本明细账

20×3 年 9 月 30 日

产品批号:2210　　　　　　　　　　　　　　　　　　　　　　　投产日期:
产品名称:甲产品　　　　　　　　　　　　　　　　　　　　　　完工日期:
生产批量:　　　　　　　　　　　　　　　　　　　　　　　　　金额单位:元

摘要	直接材料	生产工时(小时)	直接人工	制造费用	合计
月初在产品费用					
本月生产费用					
累计生产费用					
分配率					
转出完工产品成本					
完工产品单位成本(元/件)					

表 5-33　　　　　　　　　　　　　　产品成本明细账
20×3 年 9 月 30 日

产品批号:2211　　　　　　　　　　　　　　　　　　　　　　　　　投产日期:
产品名称:甲产品　　　　　　　　　　　　　　　　　　　　　　　　完工日期:
生产批量:　　　　　　　　　　　　　　　　　　　　　　　　　　　金额单位:元

摘要	直接材料	生产工时(小时)	直接人工	制造费用	合计
月初在产品费用					
本月生产费用					
累计生产费用					

表 5-34　　　　　　　　　　　　　　产品成本明细账
20×3 年 9 月 30 日

产品批号:2241　　　　　　　　　　　　　　　　　　　　　　　　　投产日期:
产品名称:乙产品　　　　　　　　　　　　　　　　　　　　　　　　完工日期:
生产批量:　　　　　　　　　　　　　　　　　　　　　　　　　　　金额单位:元

摘要	直接材料	生产工时(小时)	直接人工	制造费用	合计
月初在产品费用					
本月生产费用					
累计生产费用					
分配率					
转出完工产品成本					
完工产品单位成本(元/件)					
月末在产品成本					

表 5-35　　　　　　　　　　　　　　产品成本明细账
20×3 年 9 月 30 日

产品批号:2261　　　　　　　　　　　　　　　　　　　　　　　　　投产日期:
产品名称:丙产品　　　　　　　　　　　　　　　　　　　　　　　　完工日期:
生产批量:　　　　　　　　　　　　　　　　　　　　　　　　　　　金额单位:元

摘要	直接材料	生产工时(小时)	直接人工	制造费用	合计
本月生产费用					

表 5-36　　　　　　　　　　　　　　完工产品成本汇总表
20×3 年 9 月 30 日　　　　　　　　　　　　　　　　　　　　　　　　金额单位:元

产品批别	完工数量(件)	直接材料	直接人工	制造费用	合计
2210					
2241					
合计					

项目测评

一、单项选择题

1. 分批法适用的生产组织形式是（　　）。
   A. 大量大批多步骤生产　　　　　　　B. 大量大批单步骤生产
   C. 大量大批复杂生产　　　　　　　　D. 小批单件生产
2. 分批法成本计算对象的确定通常是根据（　　）。
   A. 客户的订单　　　　　　　　　　　B. 产品的品种
   C. 企业的生产工艺　　　　　　　　　D. 生产任务通知单
3. 在简化分批法下，基本生产成本二级账记录各批产品的（　　）。
   A. 累计直接材料费用和生产工时　　　B. 累计直接人工费用和生产工时
   C. 累计制造费用和生产工时　　　　　D. 累计生产费用和生产工时
4. 简化的分批法不分配结转（　　）。
   A. 完工产品间接计入费用　　　　　　B. 完工产品直接计入费用
   C. 在产品间接计入费用　　　　　　　D. 在产品直接计入费用
5. 下列各项中，属于产品成本计算基本方法的是（　　）。
   A. 分类法　　　B. 定额法　　　C. 分批法　　　D. 直接法
6. 下列情况中，采用简化分批法的是（　　）。
   A. 各月间接费用水平相差较大　　　　B. 各月完工产品批数较多
   C. 投产批数繁多　　　　　　　　　　D. 各月末未完工产品批数较多
7. 分批法一般是按客户的订单来组织生产的，所以又称（　　）。
   A. 订单法　　　B. 系数法　　　C. 分类法　　　D. 定额法
8. 分批法的成本计算期一般按（　　）。
   A. 月份归集　　B. 生产合同　　C. 生产周期　　D. 会计核算期
9. 采用简化的分批法，在产品完工之前，产品成本明细账（　　）。
   A. 不登记任何费用　　　　　　　　　B. 只登记直接费用和生产工时
   C. 只登记原材料费用　　　　　　　　D. 登记间接费用，不登记直接费用
10. 分批法一般不需要计算（　　）成本。
    A. 在产品　　　B. 产成品　　　C. 半成品　　　D. 原材料

二、多项选择题

1. 下列企业中，适用分批法计算产品成本的有（　　）。
   A. 船舶制造　　　　　　　　　　　　B. 汽车制造
   C. 服装加工　　　　　　　　　　　　D. 精密仪器制造
2. 分批法的特点包括（　　）。
   A. 以产品的批别或订单为成本计算对象
   B. 成本计算期通常与产品的生产周期一致
   C. 一般不需要计算期末在产品成本
   D. 月末需要计算完工产品成本

3. 在简化分批法下,各批别基本生产成本明细账中平时记录的内容有( )。
A. 累计的直接材料费用　　　　　　B. 累计的直接人工费用
C. 累计的制造费用　　　　　　　　D. 累计的生产工时
4. 分批法和品种法主要区别是( )不同。
A. 成本计算对象　　　　　　　　　B. 成本计算期
C. 生产周期　　　　　　　　　　　D. 会计核算期
5. 下列关于分批法的描述中,不正确的有( )。
A. 分批法也称定额法
B. 分批法适用于大量、大批的简单生产企业
C. 如果一张订单中规定有几种产品,也可合为一批组织生产
D. 按产品批别计算产品成本也就是按照订单计算产品成本

三、判断题

1. 采用分批法时,产品成本明细账的设立应与批别协调一致。　　　　　　( )
2. 采用分批法的企业必须设立基本生产成本二级账。　　　　　　　　　　( )
3. 如果是单件生产,产品完工以前,产品成本明细账所计的生产费用都是在产品成本。
　　　　　　　　　　　　　　　　　　　　　　　　　　　　　　　　　( )
4. 采用简化分批法时,产品完工以前,应在其产品成本明细账中按月登记生产工时。
　　　　　　　　　　　　　　　　　　　　　　　　　　　　　　　　　( )
5. 简化的分批法是不分批计算在产品成本的分批法。　　　　　　　　　　( )

四、综合实训题

华润公司采用简化的分批法计算产品成本,相关资料如下。

(1) 20×3年8月份生产情况表,如表5-37所示。

表5-37　　　　　　　　　　　　　　生产情况表

产品名称	批号	投入产量	本月完工数量	月末在产品数量
A产品	4601	上月投产100件	80件(完工产品工时为1 000小时)	20件
B产品	4602	上月投产250件	250件	
C产品	4603	本月投产180件		180件

(2) 各批产品均为月初一次性投料。8月份期初在产品明细表,如表5-38所示。

表5-38　　　　　　　　　　　　　期初在产品明细表
20×3年08月01日　　　　　　　　　　　　　　　　　　　　　金额单位:元

产品批别	直接材料	累计工时(小时)	直接人工	制造费用	合计
4601	140 000	3 000			
4602	100 000	2 500			
合计	240 000	5 500	86 500	65 000	391 500

(3) 本月生产费用汇总表,如表5-39所示。

表 5-39　　　　　　　　　　　　　　　本月生产费用汇总表

20×3 年 08 月 31 日　　　　　　　　　　　　　　　　　金额单位:元

产品批别	直接材料	累计工时(小时)	直接人工	制造费用	合计
4601		2 000			
4602		1 500			
4603	80 000	1 000			
合计	80 000	4 500	43 500	35 000	158 500

要求:

(1) 根据要素费用分配表登记基本生产成本二级账(表 5-40)以及产品成本计算单(表 5-41 至表 5-43)。

(2) 生产成本在完工产品和月末在产品之间进行费用归集分配。

表 5-40　　　　　　　　　　　　基本生产成本二级账(各批产品总成本)

20×3 年 08 月 31 日　　　　　　　　　　　　　　　　　金额单位:元

20×3 年		摘要	直接材料	生产工时（小时）	直接人工	制造费用	合计
月	日						
		期初余额					
		本月发生生产费用					
		累计生产费用					
		全部产品累计间接计入费用分配率					
		转出完工产品成本					
		期末余额					

表 5-41　　　　　　　　　　　　　　　产品成本明细账

20×3 年 08 月 31 日

产品批号:　　　　　　　　　　　　　　　　　　　　　　　　　　　　投产日期:
产品名称:　　　　　　　　　　　　　　　　　　　　　　　　　　　　完工日期:
生产批量:　　　　　　　　　　　　　　　　　　　　　　　　　　　　金额单位:元

20×3 年		摘要	直接材料	生产工时（小时）	直接人工	制造费用	合计
月	日						
		期初余额					
		本月发生生产费用					
		累计生产费用					
		全部产品累计间接计入费用分配率					
		转出完工产品成本					

(续表)

20×3年		摘要	直接材料	生产工时（小时）	直接人工	制造费用	合计
月	日						
		完工产品单位成本(元/件)					
		期末余额					

表 5-42 产品成本明细账

20×3 年 08 月 31 日

产品批号：　　　　　　　　　　　　　　　　　　　　　　　　　投产日期：
产品名称：　　　　　　　　　　　　　　　　　　　　　　　　　完工日期：
生产批量：　　　　　　　　　　　　　　　　　　　　　　　　　金额单位：元

20×3年		摘要	直接材料	生产工时（小时）	直接人工	制造费用	合计
月	日						
		期初余额					
		本月发生生产费用					
		累计生产费用					
		全部产品累计间接计入费用分配率					
		转出完工产品成本					
		完工产品单位成本(元/件)					
		期末余额					

表 5-43 产品成本明细账

20×3 年 08 月 31 日

产品批号：　　　　　　　　　　　　　　　　　　　　　　　　　投产日期：
产品名称：　　　　　　　　　　　　　　　　　　　　　　　　　完工日期：
生产批量：　　　　　　　　　　　　　　　　　　　　　　　　　金额单位：元

20×3年		摘要	直接材料	生产工时（小时）	直接人工	制造费用	合计
月	日						
		本月发生生产费用					
		累计生产费用					
		期末余额					

 思政之窗

"诚信为本，操守为重，坚持准则，不做假账。"同学们要成为诚信的"成本管理人"，坚守"实事求是，诚信核算"的底线！

项目六　分步法

项目描述

本项目的主要内容是学习产品成本计算的分步法。分步法是产品成本计算分步法的简称,是按照产品的生产步骤和产品品种归集生产费用、计算产品成本的方法。它主要适用于连续式复杂生产企业中大量、大批、多步骤产品生产,如冶金、纺织、造纸、化工和水泥等生产企业。

在大量、大批、多步骤生产企业中,不仅要按照产品品种计算成本,而且为了加强各生产步骤的成本管理,还要求按生产步骤计算成本,以便反映各种产品和各生产步骤成本的实际情况,满足企业进行成本分析和考核的需要。

分步法按是否计算各步骤半成品成本和各步骤半成品成本结转方式的不同分为逐步结转分步法和平行结转分步法两种。

学习目标

【知识目标】

1. 了解分步法的定义、特点和种类。
2. 熟悉逐步结转分步法和平行结转分步法的成本计算程序。
3. 掌握逐步分项结转分步法和平行结转分步法。

【技能目标】

1. 能判断适用何种分步法进行成本核算。
2. 能运用逐步分项结转分步法进行成本的计算。
3. 能运用平行结转分步法进行成本的计算。

【素质目标】

培养学生耐心、严谨和细致的工作作风,提高学生分析问题和解决问题的能力。

思维导图

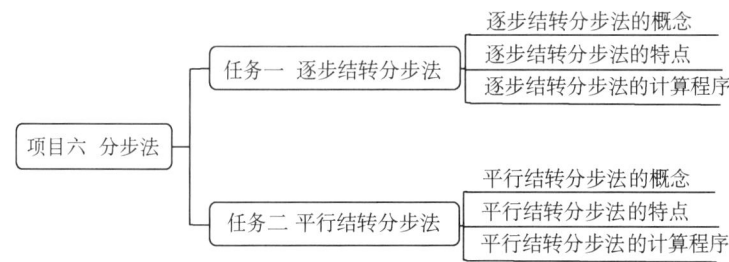

 **项目导入**

夏睿纺织公司和志兴纺织公司是两家大型纺织企业,其生产的绢丝产品深受国内外市场的青睐。在经营管理上,两家企业各项数据统计、传递制度比较完善,成本核算基础较好。绢丝的生产工艺分为精练、制棉和纺丝三个阶段,其产品需要经过精练、制棉和纺丝三个车间连续加工而成。精练车间将绢纺原料加工成为精干棉;制棉车间将精干棉加工成棉片;纺丝车间将棉片连结起来加以并合、牵伸、梳理,加工成绢丝成品。

夏睿纺织公司半成品对外出售,要求计算半成品成本;志兴纺织公司半成品较少出售,不要求计算半成品成本。

任务一　逐步结转分步法

一、知识准备

(一) 逐步结转分步法的概念

在大量、大批多步骤生产的企业,产品制造要经过若干生产步骤的逐步加工,前面各步骤生产的都是半成品,只有最后步骤生产的才是产成品。为加强成本管理,往往不仅要计算各种产成品成本,而且要计算各步骤半成品成本。

逐步结转分步法就是为了计算半成品成本而采用的分步法,又称顺序结转分步法。它是按照产品加工顺序,逐步计算并结转各步骤半成品的成本,直至最后生产步骤计算出产成品成本的成本计算方法。各步骤耗用上一步骤半成品的成本,要随着半成品实物的转移,从上一步骤的产品成本明细账转入下一步骤相同产品的成本明细账中。

逐步结转分步法按照半成品在下一步骤成本明细账中的反映方法不同,又可分为逐步综合结转分步法和逐步分项结转分步法。

逐步综合结转分步法就是将本步骤耗用上一步骤的半成品成本,以合计数综合计入本步骤产品成本明细账中专设的"自制半成品"成本项目中。逐步综合结转分步法半成品有通过半成品仓库收发与不通过半成品仓库收发两种情况。

逐步分项结转分步法就是将本步骤耗用上一步骤的半成品成本,按成本项目分别转入本步骤的相关成本项目中,成本明细账专设"上步骤转入"项目。

采用逐步分项结转分步法结转半成品成本,可以直接、真实地反映产品成本的原始构成。但是,这种方式的成本结转工作比较复杂,产品生产成本明细账中各个成本项目都要区分上步骤转入费用与本步骤发生费用,工作量比较大。

(二) 逐步结转分步法的特点

逐步结转分步法的成本计算对象是各种产成品的成本及其各步骤的半成品成本。该方法的基本特点如下:

(1) 各步骤半成品的成本随着半成品的实物转移而进行结转。

(2) 各步骤"生产成本——基本生产成本"明细账归集的费用,包括本步骤发生的费用和上一步骤完工的半成品成本。

（3）逐步结转分步法下的在产品是狭义的在产品，不包括各步骤已完工的半成品，只包括在各个步骤加工中的在产品。

（三）逐步结转分步法的计算程序

（1）根据第一步骤成本计算表上的直接材料、直接人工和制造费用，计算出第一步骤的半成品成本，并将其转移到第二步骤继续加工的半成品成本明细账中。

（2）将第一步骤转入的半成品成本加上第二步骤耗用的直接材料、直接人工和制造费用，计算出第二步骤半成品成本，再随着半成品实物转移，将其从第二步骤明细账中转入第三步骤相关的成本明细账中，以此类推，直至最后生产步骤计算出产成品成本。

在实际工作中，半成品完工后有两种情况：一是直接转移到下一步骤；二是通过半成品库收发间接转移到下一步骤。直接转移到下一步骤的半成品可以随实物的转移而在上、下步骤的产品成本明细账之间直接结转，总分类账核算不必编制结转半成品成本会计分录。通过半成品库收发半成品，则需通过"自制半成品"总账账户核算，验收入库时，借记"自制半成品"账户，贷记"生产成本——基本生产成本"账户；在下一步骤领用时，借记"生产成本——基本生产成本"账户，贷记"自制半成品"账户。

逐步结转分步法计算程序，如图6-1所示。

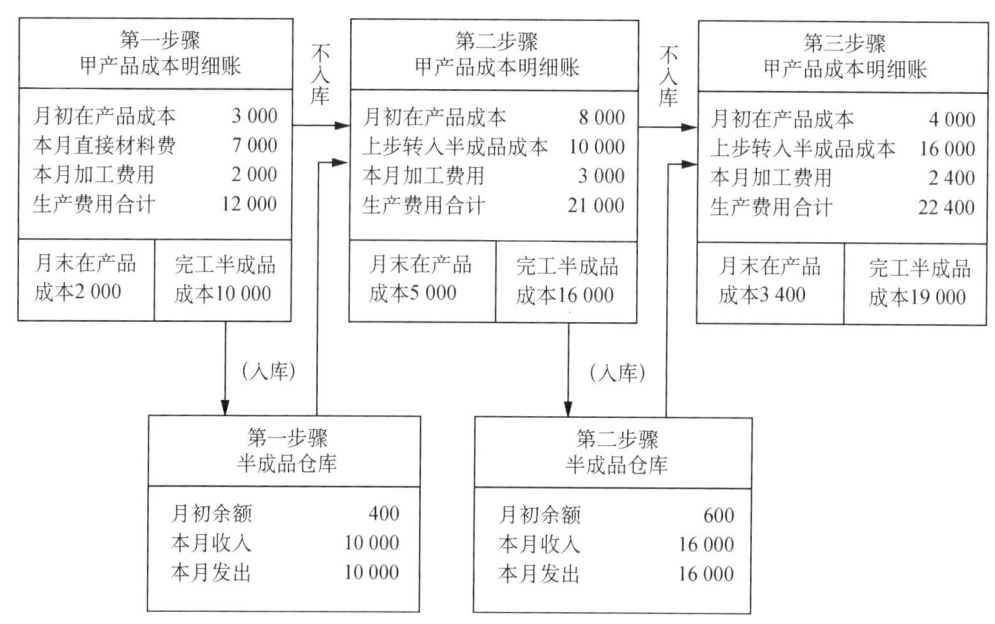

图6-1 逐步结转分步法计算程序

二、任务案例

夏睿公司20×3年6月生产数量记录表，如表6-1所示，月初在产品成本及本月生产费用表，如表6-2所示。三个车间月末在产品的完工程度均为50%，原材料在生产开始时一次性投入，按照约当产量法在完工产品和在产品之间分配生产费用，各步骤半成品不通过半成品库核算。

表 6-1　　　　　　　　　　　　　　　生产数量记录表

20×3 年 6 月　　　　　　　　　　　　　　　　　　　　单位：吨

项目	第一车间	第二车间	第三车间
月初在产品	20	40	40
本月投入或上步骤转入	220	200	200
本月完工转入下步骤	200	200	220
月末在产品	40	40	20

表 6-2　　　　　　　　　　　　月初在产品成本及本月生产费用表

20×3 年 6 月　　　　　　　　　　　　　　　　　　　　单位：元

月初在产品成本		直接材料	直接人工	制造费用	合计
第一车间	本步骤	5 000	1 250	1 000	7 250
第二车间	上一步骤半成品	10 000	5 000	4 000	19 000
	本步骤		4 000	3 000	7 000
第三车间	上一步骤半成品	10 000	13 000	10 000	33 000
	本步骤		4 000	3 000	7 000
本月生产费用		直接材料	直接人工	制造费用	合计
第一车间	本步骤	55 000	26 250	21 000	102 250
第二车间	本步骤		40 000	30 000	70 000
第三车间	本步骤		42 000	31 500	73 500

首先，计算第一车间本月所生产精干棉的实际成本。

第一车间精干棉的产品成本计算表，如表 6-3 所示。

表 6-3　　　　　　　　　　　　　　　产品成本计算表

车间名称：第一车间　　　　　　　　　　　　　　　　　　　　　　　　　完工产量：200 吨
产品名称：精干棉　　　　　　　　20×3 年 6 月　　　　在产品产量：40 吨　金额单位：元

摘要	直接材料	直接人工	制造费用	合计
月初在产品成本	5 000	1 250	1 000	7 250
本月发生的生产费用	55 000	26 250	21 000	102 250
生产费用合计	60 000	27 500	22 000	109 500
本月完工产品数量（吨）	200	200	200	
月末在产品约当产量（吨）	40	20	20	
费用分配率	250	125	100	475
本月完工精干棉半成品成本	50 000	25 000	20 000	95 000
月末在产品成本	10 000	2 500	2 000	14 500

其次，计算第二车间本月所生产棉片的实际成本。

在半成品按实际成本分项结转的情况下,本月第一车间完工的 200 吨精干棉半成品转入第二车间继续加工。第二车间上步骤转入费用和本步骤发生费用的登记产品成本计算表,如表 6-4 所示。

表 6-4　　　　　　　　　　　　　产品成本计算表

车间名称:第二车间　　　　　　　　　　　　　　　　　　　　　　　完工产量:200 吨
产品名称:棉片　　　　　　　　20×3 年 6 月　　　　在产品产量:40 吨　金额单位:元

摘要	直接材料		直接人工		制造费用		合计
	上步骤转入	本步骤发生	上步骤转入	本步骤发生	上步骤转入	本步骤发生	
月初在产品成本	10 000		5 000	4 000	4 000	3 000	26 000
本月本步骤发生费用				40 000		30 000	70 000
本月上步骤转入费用	50 000		25 000		20 000		95 000
生产费用合计	60 000		30 000	44 000	24 000	33 000	191 000
完工产品数量(吨)	200		200	200	200	200	
本月末在产品约当产量(吨)	40		40	20	40	20	
费用分配率	250		125	200	100	150	825
本月完工棉片半成品总成本	50 000		25 000	40 000	20 000	30 000	165 000
月末在产品成本	10 000		5 000	4 000	4 000	3 000	26 000

再次,计算第三车间本月所生产绢丝产成品的实际成本。

在半成品按实际成本分项结转的情况下,本月第二车间完工的 200 吨棉片半成品转入第三车间继续加工,第三车间上步骤转入费用和本步骤发生费用,如表 6-5 所示。

表 6-5　　　　　　　　　　　　　产品成本计算表

车间名称:第三车间　　　　　　　　　　　　　　　　　　　　　　　完工产量:220 吨
产品名称:绢丝　　　　　　　　20×3 年 6 月　　　　在产品产量:20 吨　金额单位:元

摘要	直接材料		直接人工		制造费用		合计
	上步骤转入	本步骤发生	上步骤转入	本步骤发生	上步骤转入	本步骤发生	
月初在产品成本	10 000		13 000	4 000	10 000	3 000	40 000
本月本步骤发生费用				42 000		31 500	73 500
本月上步骤转入费用	50 000		65 000		50 000		165 000
生产费用合计	60 000		78 000	46 000	60 000	34 500	278 500
完工产品数量(吨)	220		220	220	220	220	220
本月在产品约当产量(吨)	20		20	10	20	10	
费用分配率	250		325	200	250	150	1 175

(续表)

摘要	直接材料		直接人工		制造费用		合计
	上步骤转入	本步骤发生	上步骤转入	本步骤发生	上步骤转入	本步骤发生	
本月完工绢丝总成本	55 000		71 500	44 000	55 000	33 000	258 500
月末在产品成本	5 000		6 500	2 000	5 000	1 500	20 000

最后,计算本月完工产品总成本和单位成本。

根据表 6-5 成本计算结果,编制完工产品成本汇总表,如表 6-6 所示。

表 6-6　　　　　　　　　　　完工产品成本汇总表

产品:绢丝　　产量:220 吨　　　　20×3 年 6 月　　　　　　金额单位:元

项目	直接材料	直接人工	制造费用	合计
本月完工产品总成本	55 000	115 500	88 000	258 500
本月完工产品单位成本(元/吨)	250	525	400	1 175

根据完工产品成本汇总表,编制结转本月完工入库绢丝产品总成本的记账凭证,如表 6-7 所示。

表 6-7　　　　　　　　　　　　　记账凭证

20×3 年 6 月 30 日　　　　　　　　　　　　　　　　记字　第 100 号

摘要	会计科目		借方金额	贷方金额	记账
	总账科目	明细科目	千百十万千百十元角分	千百十万千百十元角分	√
结转完工产品成本	库存商品	绢丝	2 5 8 5 0 0 0 0		
	生产成本	基本生产成本——绢丝(直接材料)		5 5 0 0 0 0 0	
	生产成本	基本生产成本——绢丝(直接人工)		1 1 5 5 0 0 0 0	
	生产成本	基本生产成本——绢丝(制造费用)		8 8 0 0 0 0 0	
附件 1 张	合计		¥2 5 8 5 0 0 0 0	¥2 5 8 5 0 0 0 0	

记账　　　出纳　　　　　　审核　　　　　　　　制单

三、任务练习

夏睿公司 20×3 年 12 月生产数量记录表,如表 6-8 所示;月初在产品成本及本月生产费用表,如表 6-9 所示。三个车间月末在产品的完工程度均为 50%,原材料在生产开始时一次性投入,按照约当产量法在完工产品和在产品之间分配生产费用,各步骤半成品不通过半成品库核算。

要求：采用逐步分项结转分步法计算产品成本，填制产品成本明细表（表 6-10 至表 6-12）和完工产品成本汇总表（表 6-13），编制结转本月完工入库产品总成本记账凭证（表 6-14）。

表 6-8　　　　　　　　　　　　　　　生产数量记录表

20×3 年 12 月　　　　　　　　　　　　　　　　　　　　　　　　单位：吨

项目	第一车间	第二车间	第三车间
月初在产品	30	60	60
本月投入或上步骤转入	330	300	300
本月完工转入下步骤	300	300	330
月末在产品	60	60	30

表 6-9　　　　　　　　　　　　　月初在产品成本及本月生产费用表

20×3 年 6 月　　　　　　　　　　　　　　　　　　　　　　　　单位：元

月初在产品成本		直接材料	直接人工	制造费用	合计
第一车间	本步骤	7 500	1 875	1 500	10 875
第二车间	上一步骤半成品	15 000	7 500	6 000	28 500
	本步骤		6 000	4 500	10 500
第三车间	上一步骤半成品	15 000	19 500	15 000	49 500
	本步骤		6 000	4 500	10 500
本月生产费用		直接材料	直接人工	制造费用	合计
第一车间	本步骤	82 500	39 375	31 500	153 375
第二车间	本步骤		60 000	45 000	105 000
第三车间	本步骤		63 000	47 250	110 250

表 6-10　　　　　　　　　　　　　　　产品成本明细表

车间名称：第一车间　　　　　　　　　　　　　　　　　　　　　　完工产量：300 吨
产品名称：精干棉　　　　　　　　　20×3 年 12 月　　　　　在产品产量：60 吨　金额单位：元

摘要	直接材料	直接人工	制造费用	合计
月初在产品成本				
本月发生的生产费用				
生产费用合计				
本月完工产品数量（吨）				
月末在产品约当产量（吨）				
费用分配率				
本月完工精干棉半成品成本				
月末在产品成本				

表 6-11　产品成本明细表

车间名称：第二车间　　　　　　　　　　　　　　　　　　　　完工产量：300 吨
产品名称：棉片　　　　　　　20×3 年 12 月　　　　在产品产量：60 吨　金额单位：元

摘要	直接材料		直接人工		制造费用		合计
	上步骤转入	本步骤发生	上步骤转入	本步骤发生	上步骤转入	本步骤发生	
月初在产品成本							
本月本步骤发生费用							
本月上步骤转入费用							
生产费用合计							
完工产品数量（吨）							
本月末在产品约当产量（吨）							
费用分配率							
本月完工棉片半成品总成本							
月末在产品成本							

表 6-12　产品成本明细表

车间名称：第三车间　　　　　　　　　　　　　　　　　　　　完工产量：330 吨
产品名称：绢丝　　　　　　　20×3 年 12 月　　　　在产品产量：30 吨　金额单位：元

摘要	直接材料		直接人工		制造费用		合计
	上步骤转入	本步骤发生	上步骤转入	本步骤发生	上步骤转入	本步骤发生	
月初在产品成本							
本月本步骤发生费用							
本月上步骤转入费用							
生产费用合计							
完工产品数量（吨）							
本月在产品约当产量（吨）							
费用分配率							
本月完工绢丝总成本							
月末在产品成本							

表 6-13　完工产品成本汇总表

产品：绢丝　产量：330 吨　　　　20×3 年 12 月　　　　　　　　　金额单位：元

项目	直接材料	直接人工	制造费用	合计
本月完工产品总成本				
本月完工产品单位成本（元/吨）				

表 6-14　　　　　　　　　　　　　　　记账凭证
　　　　　　　　　　　　　　　　　年　月　日　　　　　　　　　　　　　　记字　第　号

摘要	会计科目		借方金额	贷方金额	记账√
	总账科目	明细科目	千百十万千百十元角分	千百十万千百十元角分	
附件　张	合计				

记账　　　　出纳　　　　　　　　审核　　　　　　　　制单

任务二　平行结转分步法

一、知识准备

(一) 平行结转分步法的概念

平行结转分步法又称不计算半成品成本分步法,是指各生产步骤不计算半成品成本,只计算本生产步骤所发生的生产费用和这些费用中应计入产品成本的数额,各生产步骤之间只转移半成品实物,不转移半成品成本。月末将各生产步骤应计入同一产成品成本数额平行结转,汇总计算产成品成本。

(二) 平行结转分步法特点

在大量、大批、多步骤生产的企业中,如果各生产步骤所生产半成品的种类很多,但半成品外售的情况却较少,且管理上不要求计算半成品成本,为了简化成本计算工作,可以采用平行结转分步法,各步骤同时计算产品成本,平行汇总计入产成品成本,不必逐步结转半成品成本,还能够直接提供按原始成本项目反映的产成品成本资料。

各步骤不计算和结转半成品成本,因而,不能提供各步骤的半成品成本资料,并且半成品实物转移与费用结转脱节,不能为各生产步骤在产品的实物管理和资金管理提供资料。

另外,各生产步骤的产品成本不包括所耗用半成品费用,因而,除第一步骤,其他步骤不能全面地反映各该步骤产品的生产耗费水平。

因此,平行结转分步法一般只适合在半成品种类较多,逐步结转半成品成本的工作量较大,管理上又不要求提供各步骤半成品成本资料的情况下采用。

(三) 平行结转分步法的计算程序

平行结转分步法成本计算程序,如图 6-2 所示。

从图 6-2 可以看出,各生产步骤不计算,也不逐步结转半成品成本,只是在企业的产成品入库时,才将各步骤费用中计入产成品成本的份额,从各步骤产品成本明细账中转出,因

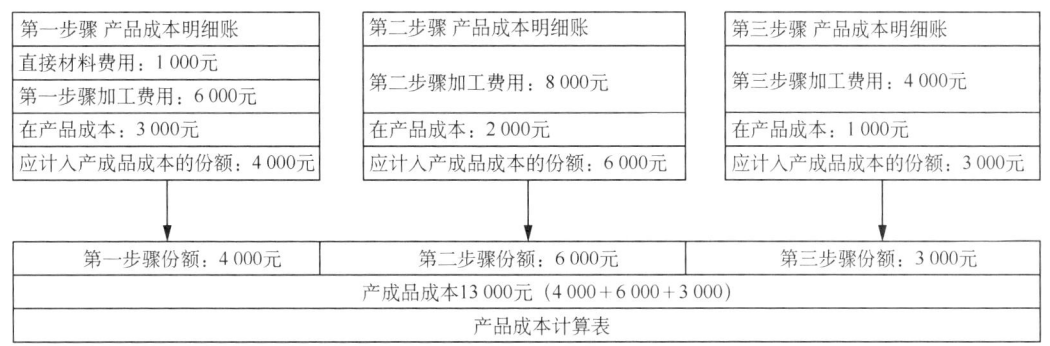

图 6-2 平行结转分步法成本计算程序

此,采用这一方法,不论半成品是在各生产步骤之间直接转移,还是通过半成品库收发,都不通过"自制半成品"账户进行总分类核算。

采用平行结转分步法,每一生产步骤的生产费用要在其完工产品与月末在产品之间进行分配,但上述产成品是指经过所有生产步骤最终生产完工的产品。在产品是指广义在产品,就整个企业而言未完工的产品,具体包括:①尚在各生产步骤加工中的在产品,即狭义在产品;②各步骤生产完工转入半成品库中的半成品;③各步骤生产完工转入以后各步骤进一步加工,尚未最终形成产成品的在产品。

二、任务案例

志兴公司同样生产绢丝,并设有第一、第二、第三车间共计三个基本生产车间,采用平行结转分步法计算成本。绢丝的原材料在第一车间生产开始时一次性投入,然后顺序经过三个生产车间加工。第一、第二车间月末狭义在产品完工程度为50%;第三车间月末在产品中有40件尚未开始加工,其余20件加工程度为50%,按约当产量法分配完工产品与在产品成本。20×3年6月的各生产车间生产数量记录表、月初在产品成本及本月生产费用表,如表6-15和表6-16所示。

表 6-15　　　　　　　　　　　生产数量记录表

20×3 年 6 月　　　　　　　　　　　　　　　　　　　　单位:吨

项目	第一车间	第二车间	第三车间	产成品
月初在产品	20	20	80	
本月投入或上步骤转入	220	200	200	
本月完工转入下步骤或入库	200	200	220	220
月末在产品	40	20	60	

表 6-16　　　　　　　　月初在产品成本及本月生产费用表

20×3 年 6 月　　　　　　　　　　　　　　　　　　　　单位:元

月初在产品成本	直接材料	直接人工	制造费用	合计
第一车间	35 000	16 250	13 000	64 250
第二车间		20 000	15 000	35 000

（续表）

月初在产品成本	直接材料	直接人工	制造费用	合计
第三车间		4 000	3 000	7 000
本月生产费用	直接材料	直接人工	制造费用	合计
第一车间	50 000	23 750	19 000	92 750
第二车间		38 000	28 500	66 500
第三车间		42 000	31 500	73 500

首先，根据以上资料编制各个车间的产品成本计算表，如表6-17至表6-19所示。

表6-17　　　　　　　　　　　　　产品成本计算表

车间名称：第一车间　　　　　　　　　　　　　　　　　　　　完工产量：200吨
产品名称：精干棉　　　　　　　20×3年6月　　　　在产品产量：40吨　金额单位：元

摘要		直接材料	直接人工	制造费用	合计
月初在产品成本		35 000	16 250	13 000	64 250
本月发生生产费用		50 000	23 750	19 000	92 750
生产费用合计		85 000	40 000	32 000	157 000
本月最终产品数量（吨）		220	220	220	
广义在产品约当产量（吨）	本步骤在产品约当产量	40	40×50%	40×50%	
	已交下步骤未完工半成品	20+60	20+60	20+60	
	在产品约当产量小计	120	100	100	
生产总量（分配标准）（吨）		340	320	320	
单位产成品成本份额（分配率）		250	125	100	475
本月所产220吨产成品成本份额		55 000	27 500	22 000	104 500
月末在产品成本		30 000	12 500	10 000	52 500

最终完工产品为220吨绢丝，因此，第一车间应计入完工产品成本的是220吨精干棉半成品。月末在产品是指广义的在产品，包括本车间正在生产的在产品，也包括本车间生产完工转入第二和第三车间的半成品。则某步骤广义在产品约当产量＝该步骤月末在产品数量×该步骤在产品完工程度＋以后各步骤在产品数量。直接材料为一次性投入，所以，完工程度为100%，则直接材料项目约当产量为120吨（40+20+60），直接人工和制造费用项目约当产量为100吨（40×50%+20+60）。

表6-18　　　　　　　　　　　　　产品成本计算表

车间名称：第二车间　　　　　　　　　　　　　　　　　　　　完工产量：200吨
产品名称：棉片　　　　　　　　20×3年6月　　　　在产品产量：20吨　金额单位：元

摘要	直接材料	直接人工	制造费用	合计
月初在产品成本		20 000	15 000	35 000

(续表)

摘要		直接材料	直接人工	制造费用	合计
本月发生生产费用			38 000	28 500	66 500
生产费用合计			58 000	43 500	101 500
本月最终产品数量(吨)			220	220	
广义在产品约当量(吨)	本步骤在产品约当产量		20×50%	20×50%	
	已交下步骤未完工半成品		60	60	
	在产品约当产量小计		70	70	
生产总量(分配标准)(吨)			290	290	
单位产成品成本份额(分配率)			200	150	350
本月所产220吨产成品成本份额			44 000	33 000	77 000
月末在产品成本			14 000	10 500	24 500

由于最终完工产品为220吨绢丝,因此,第二车间应计入完工产品成本的是220吨棉片半成品。直接人工和制造费用项目约当产量为70吨(20×50%+60)。

表 6-19 产品成本计算表

车间名称:第三车间　　　　　　　　　　　　　　　　　完工产量:220吨
产品名称:绢丝　　　　　　20×3年6月　　　在产品产量:60吨　金额单位:元

摘要		直接材料	直接人工	制造费用	合计
月初在产品成本			4 000	3 000	7 000
本月发生生产费用			42 000	31 500	73 500
生产费用合计			46 000	34 500	80 500
本月最终产品数量(吨)			220	220	
在产品约当产量(吨)	本步骤在产品约当产量		20×50%	20×50%	
	已交下步骤未完工半成品		—	—	
	在产品约当产量小计		10	10	
生产总量(分配标准)(吨)			230	230	
单位产成品成本份额			200	150	350
本月所产220吨产成品成本份额			44 000	33 000	77 000
月末在产品成本			2 000	1 500	3 500

第三车间应该计入完工产品成本的是220吨绢丝产成品。第三车间月末在产品中有40件尚未开始加工,其余20件加工程度为50%,所以直接人工和制造费用项目约当产量为10吨(40×0+20×50%)。

其次,汇总计算产成品总成本和单位成本。

采用平行结转分步法,将各生产步骤(生产车间)应计入相同产品成本核算的份额汇总,就可以求得产成品总成本和单位成本。根据上述产品成本计算表(表 6-17 至表 6-19),编制志兴公司绢丝产品的产品成本计算汇总表,如表 6-20 所示。

表 6-20　　　　　　　　　　　产品成本计算汇总表

产品:绢丝　　产量:220 吨　　　　　　20×3 年 6 月　　　　　　　　　　　　单位:元

车间	直接材料	直接人工	制造费用	合计
第一车间本月完工产品成本份额	55 000	27 500	22 000	104 500
第二车间本月完工产品成本份额		44 000	33 000	77 000
第三车间本月完工产品成本份额		44 000	33 000	77 000
本月完工绢丝产品总成本	55 000	115 500	88 000	258 500
本月完工绢丝产品单位成本(元/吨)	250	525	400	1 175

最后,根据产品成本计算汇总表,结转本月完工入库绢丝产品成本,编制记账凭证,如表 6-21 所示。

表 6-21　　　　　　　　　　　　　记账凭证

20×3 年 6 月 30 日　　　　　　　　　　　　　　　　记字　第　90　号

摘要	会计科目		借方金额	贷方金额	记账 √
	总账科目	明细科目	千百十万千百十元角分	千百十万千百十元角分	
结转完工产品成本	库存商品	绢丝	2 5 8 5 0 0 0 0		
	生产成本	基本生产成本——绢丝(直接材料)		5 5 0 0 0 0 0	
	生产成本	基本生产成本——绢丝(直接人工)		1 1 5 5 0 0 0 0	
	生产成本	基本生产成本——绢丝(制造费用)		8 8 0 0 0 0 0	
附件 1 张	合计		¥2 5 8 5 0 0 0 0	¥2 5 8 5 0 0 0 0	

记账　　　　　出纳　　　　　　　　　审核　　　　　　　　制单

三、任务练习

志兴公司 20×3 年 12 月各车间的生产数量记录表,如表 6-22 所示,月初在产品成本及本月生产费用表,如表 6-23 所示,各车间月末在产品完工程度均为 50%。

要求:采用平行结转分步法计算产品成本,填制产品成本计算表(表 6-24 至表 6-26)和完工产品成本汇总表(表 6-27),编制结转本月完工入库产品总成本记账凭证(表 6-28)。

表 6-22　　　　　　　　　　　　　生产数量记录表

20×3 年 12 月　　　　　　　　　　　　　　　　　　　　　　　　　　　　单位:吨

项目	第一车间	第二车间	第三车间	产成品
月初在产品	20	50	40	
本月投入或上步骤转入	180	160	180	
本月完工转入下步骤或入库	160	180	200	200
月末在产品	40	30	20	

表 6-23　　　　　　　　　　月初在产品成本及本月生产费用

20×3 年 12 月　　　　　　　　　　　　　　　　　　　　　　　　　　　　单位:元

月初在产品成本	直接材料	直接人工	制造费用	合计
第一车间	10 000	6 000	1 000	17 000
第二车间		20 000	12 000	32 000
第三车间		18 000	16 000	34 000
本月生产费用	直接材料	直接人工	制造费用	合计
第一车间	18 420	22 080	24 110	64 610
第二车间		32 170	48 160	80 330
第三车间		34 500	25 580	60 080

表 6-24　　　　　　　　　　　　产品成本计算表

车间名称:第一车间　　　　　　　　　　　　　　　　　　　　　　　完工产量:160 吨
产品名称:精干棉　　　　　　　20×3 年 12 月　　　　在产品产量:40 吨　金额单位:元

摘要		直接材料	直接人工	制造费用	合计
月初在产品成本					
本月发生生产费用					
生产费用合计					
本月最终产品数量(吨)					
广义在产品约当产量(吨)	本步骤在产品约当产量				
	已交下步骤未完工半成品				
	在产品约当产量小计				
生产总量(分配标准)(吨)					
单位产成品成本份额(分配率)					
本月所产 200 吨产成品成本份额					
月末在产品成本					

表 6-25   产品成本计算表

车间名称：第二车间　　　　　　　　　　　　　　　　　　　　　完工产量：180 吨
产品名称：棉片　　　　　　　20×3 年 12 月　　　在产品产量：30 吨　金额单位：元

摘要		直接材料	直接人工	制造费用	合计
月初在产品成本					
本月发生生产费用					
生产费用合计					
本月最终产品数量（吨）					
广义在产品约当量（吨）	本步骤在产品约当产量				
	已交下步骤未完工半成品				
	在产品约当产量小计				
生产总量（分配标准）（吨）					
单位产成品成本份额（分配率）					
本月所产 200 吨产成品成本份额					
月末在产品成本					

表 6-26   产品成本计算表

车间名称：第三车间　　　　　　　　　　　　　　　　　　　　　完工产量：200 吨
产品名称：绢丝　　　　　　　20×3 年 12 月　　　在产品产量：20 吨　金额单位：元

摘要		直接材料	直接人工	制造费用	合计
月初在产品成本					
本月发生生产费用					
生产费用合计					
本月最终产品数量（吨）					
在产品约当产量（吨）	本步骤在产品约当产量				
	已交下步骤未完工半成品				
	在产品约当产量小计				
生产总量（分配标准）（吨）					
单位产成品成本份额					
本月所产 200 吨产成品成本份额					
月末在产品成本					

表 6-27   完工产品成本汇总表

产品：绢丝　　产量：200 吨　　　　20×3 年 12 月　　　　　　　金额单位：元

车间	直接材料	直接人工	制造费用	合计
第一车间本月完工产品成本份额				

(续表)

车间	直接材料	直接人工	制造费用	合计
第二车间本月完工产品成本份额				
第三车间本月完工产品成本份额				
本月完工绢丝产品总成本				
本月完工绢丝产品单位成本(元/吨)				

表 6-28　　　　　　　　　　　　　记账凭证

　　　　　　　　　　　　　　年　月　日　　　　　　　　　　　　记字　第　号

摘要	会计科目		借方金额	贷方金额	记账
	总账科目	明细科目	千百十万千百十元角分	千百十万千百十元角分	√
附件　张	合计				

记账　　　出纳　　　　　　　审核　　　　　　　制单

项目测评

一、单项选择题

1. 分步法适用于(　　)。
   A. 单步骤生产　　　　　　　　B. 单件小批生产
   C. 单件小批多步骤生产　　　　D. 大量大批多步骤生产

2. 分步法计算产品成本时,由于不同企业对于各个生产步骤的成本管理有着不同的要求,以及出于简化成本核算工作的考虑,各个生产步骤成本的计算和结转,可采用两种方法,即(　　)。
   A. 逐步结转分步法和平行结转分步法
   B. 分项结转分步法和综合结转分步法
   C. 分项结转分步法和平行结转分步法
   D. 分项结转分步法和逐步结转分步法

3. 半成品实物转移,成本也随之结转的成本计算方法是(　　)。
   A. 分批法　　　　　　　　　　B. 逐步结转分步法
   C. 分类法　　　　　　　　　　D. 平行结转分步法

4. 采用平行结转分步法时,完工产品与在产品之间的费用分配,是(　　)之间的费用分配。
   A. 产成品与月末在产品

B. 产成品与广义在产品

C. 完工半成品与月末加工中在产品

D. 前面生产步骤的完工半成品与加工中在产品

5. 不计算半成品成本的分步法是指（　　）结转分步法。

A. 综合　　　　　B. 逐步　　　　　C. 分项　　　　　D. 平行

6. 管理上要求分步骤计算产品成本的大量大批的多步骤生产，产品成本计算的方法是（　　）。

A. 分批法　　　　B. 分步法　　　　C. 定额法　　　　D. 品种法

7. 采用分步法计算产品成本时，产品明细账应按（　　）设置。

A. 生产批别　　　　　　　　　　　B. 生产车间

C. 生产步骤和产品品种　　　　　　D. 成本项目

8. 下列关于产品成本计算的平行结转分步法的表述中，正确的是（　　）。

A. 适用于经常销售半成品的企业

B. 能够提供各个步骤的半成品成本资料

C. 能够直接提供按原始成本项目反映的产成品成本资料

D. 各步骤的产品生产费用伴随半成品实物的转移而转移

9. 采用逐步结转分步法，各步骤期末在产品是指（　　）。

A. 广义在产品　　　　　　　　　　B. 自制半成品

C. 月末各步骤产成品　　　　　　　D. 狭义在产品

10. 下列关于逐步分项结转分步法的说法中，正确的是（　　）。

A. 不能够全面反映各步骤的生产耗费水平

B. 半成品成本不随半成品实物在各步骤间转移

C. 适用于半成品对外销售的情况

D. 需要成本还原

二、多项选择题

1. 逐步结转分步法的主要特点包括（　　）。

A. 各步骤的在产品成本是狭义在产品的成本

B. 各步骤的在产品成本是广义在产品的成本

C. 需要计算各步骤半成品成本

D. 半成品成本随半成品实物的转移而结转

2. 产品成本计算的分步法适用于（　　）。

A. 大批生产　　　B. 单件生产　　　C. 大量生产　　　D. 多步骤生产

3. 平行结转分步法的特点包括（　　）。

A. 总成本应由产成品和在产品承担，此处的在产品是广义上的

B. 没有计算半成品成本

C. 半成品实物的转移不体现在账面上

D. 只有第一步骤中有材料费用和其他费用，而其他步骤只归集了本步骤直接发生的加工费用

4. 应当采用逐步结转分步法计算成本的企业主要有(　　)。
A. 自制半成品可加工为多种产品的企业
B. 单步骤生产多种产品的企业
C. 需要考核自制半成品成本的企业
D. 有自制半成品对外销售的企业

5. 采用平行结转分步法,各生产步骤的期末在产品包括(　　)。
A. 上步骤正在加工的在产品
B. 本步骤正在加工的在产品
C. 已转入下一步骤的自制半成品
D. 已转入下一步骤的尚未最终完工的自制半成品

三、判断题

1. 平行结转分步法能直接反映产成品成本原始构成项目的成本。(　　)
2. 平行结转分步法下各生产步骤都不能全面反映其生产耗费水平。(　　)
3. 分步法适用于大量大批单步骤生产企业,如发电、供水等企业。(　　)
4. 逐步结转分步法又称不计算半成品成本的分步法。(　　)
5. 分步法分为平行结转分步法和逐步结转分步法。(　　)

四、综合实训题

昱昌公司大量生产甲产品,经过三个生产步骤连续加工完成,原材料在生产开始时一次性投入。该企业采用平行结转分步法计算甲产品成本。完工半成品不通过仓库,各步骤期末产品完工率均为50%,按约当产量法分配完工产品与在产品成本。该企业20×3年9月生产数量记录表、月初在产品成本及本月生产费用表,如表6-29和表6-30所示。

要求:填制产品成本计算表(表6-31至表6-33)和完工产品成本汇总表(表6-34)。

表6-29　　　　　　　　　　　　生产数量记录表
20×3年9月
单位:件

项目	第一车间	第二车间	第三车间	产成品
月初在产品	50	20	70	
本月投入或上步骤转入	300	250	200	
本月完工转入下步骤或入库	250	200	250	250
月末在产品	100	70	20	

表6-30　　　　　　　　　　月初在产品成本及本月生产费用表
20×3年9月
单位:元

月初在产品成本	直接材料	直接人工	制造费用	合计
第一车间	4 500	5 500	9 500	19 000
第二车间		4 800	5 200	10 000
第三车间		3 850	3 150	7 000

(续表)

本月生产费用	直接材料	直接人工	制造费用	合计
第一车间	27 180	6 200	10 780	44 160
第二车间		11 060	11 880	22 940
第三车间		24 750	20 250	45 000

表 6-31　　　　　　　　　　　　产品成本计算表

车间名称:第一车间　　　　　　　　　　　　　　　　　　完工产量:250 件
产品名称:半成品 A　　　　　20×3 年 9 月　　　　在产品产量:100 件　金额单位:元

摘要		直接材料	直接人工	制造费用	合计
月初在产品成本					
本月发生生产费用					
生产费用合计					
本月最终产品数量(件)					
广义在产品约当产量（件）	本步骤在产品约当产量				
	已交下步骤未完工半成品				
	在产品约当产量小计				
生产总量(分配标准)(件)					
单位产成品成本份额(分配率)					
本月所产 250 件产成品成本份额					
月末在产品成本					

表 6-32　　　　　　　　　　　　产品成本计算表

车间名称:第二车间　　　　　　　　　　　　　　　　　　完工产量:200 件
产品名称:半成品 B　　　　　20×3 年 9 月　　　　在产品产量:70 件　金额单位:元

摘要		直接材料	直接人工	制造费用	合计
月初在产品成本					
本月发生生产费用					
生产费用合计					
本月最终产品数量(件)					
广义在产品约当量（件）	本步骤在产品约当产量				
	已交下步骤未完工半成品				
	在产品约当产量小计				
生产总量(分配标准)(件)					
单位产成品成本份额(分配率)					
本月所产 250 件产成品成本份额					
月末在产品成本					

表 6-33　　　　　　　　　　　　　产品成本计算表

车间名称:第三车间　　　　　　　　　　　　　　　　　　　　　　完工产量:250 件
产品名称:甲产品　　　　　　　　　20×3 年 9 月　　　　　在产品产量:20 件　金额单位:元

摘要		直接材料	直接人工	制造费用	合计
月初在产品成本					
本月发生生产费用					
生产费用合计					
本月最终产品数量(件)					
在产品约当产量(件)	本步骤在产品约当产量				
	已交下步骤未完工半成品				
	在产品约当产量小计				
生产总量(分配标准)(件)					
单位产成品成本份额					
本月所产 250 件产成品成本份额					
月末在产品成本					

表 6-34　　　　　　　　　　　　　完工产品成本汇总表

产品:甲产品　　产量:250 件　　　　20×3 年 9 月　　　　　　　　　　金额单位:元

车间	直接材料	直接人工	制造费用	合计
第一车间本月完工产品成本份额				
第二车间本月完工产品成本份额				
第三车间本月完工产品成本份额				
本月完工绢丝产品总成本				
本月完工绢丝产品单位成本(元/件)				

 思政之窗

学习、工作和生活就像分步法的成本计算表,需要按部就班,循序渐进。逐步结转分步法和平行结转分步法的计算过程虽不相同,但都能得出正确的答案,所以,每个人的努力方式不必一样,只要坚持不懈,终会到达成功的彼岸。

项目七　辅助方法

项目描述

本项目的主要内容是学习产品成本计算的辅助方法。成本计算的辅助方法是指成本计算的品种法、分批法和分步法以外的产品成本计算方法,主要有分类法和定额法。

学习目标

【知识目标】

1. 了解各种成本计算辅助方法的特点和适用范围。
2. 理解各种成本计算辅助方法的原理。
3. 掌握各种成本计算辅助方法的应用。

【技能目标】

1. 能根据企业生产的特点选择相应的成本计算的辅助方法。
2. 能运用分类法计算产品成本。
3. 能运用定额法计算产品成本。

【素质目标】

提高学生的信息处理能力和逻辑分析能力。

思维导图

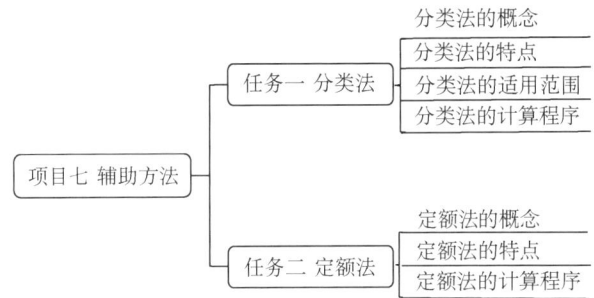

项目导入

宏利模具制造公司原来生产的产品单一,一直采用品种法进行产品成本的核算,现在增加了多个品种,大都属于小型塑料模具,它们的原材料和生产工艺相近。若继续采用品种法,工作量太大,可不可以把相似产品归为一类进行简化成本核算?若该公司定额管理制度健全、定额管理基础较好,能不能考虑利用定额成本进行成本核算?

任务一 分 类 法

一、知识准备

(一)分类法的概念

分类法是指以产品类别为成本计算对象归集生产费用,先计算出各类完工产品的总成本,然后按一定标准计算同类产品中各种产品成本的成本计算方法。

(二)分类法的特点

(1)以产品的类别为成本计算对象,并设置生产成本明细账,归集该类产品的生产费用。分类法下每种产品发生的费用直接计入其所属类别后再采用一定的分配标准在所属类别内进行分配,最后计算出此类产品的成本。

(2)成本计算期要根据成本管理要求和产品生产类型进行确定,如果是小批生产,配合分批法使用,产品成本计算期就可以不固定;如果是大量生产,需要配合品种法或分步法进行成本计算,产品成本计算期则是固定的,通常在月末进行成本计算。

(3)分类法下,如果月末存在未完工产品,则需要采用约当产量法、定额成本法或定额比例法等分配方法将生产费用在完工产品和月末在产品之间进行分配。

(三)分类法的适用范围

分类法与企业的生产类型没有直接联系,可以在各种类型的生产企业中使用。该方法一般适用于使用同样的原材料,通过基本相同的加工工艺过程,所生产的产品品种、规格、型号繁多,可以按一定标准予以分类的生产企业。

(四)分类法的计算程序

首先,要根据产品的结构、所用原材料和工艺过程的不同,将产品划分为几类,按照产品的类别设立产品成本明细账,归集产品的生产费用。

其次,采用一定的方法计算各类完工产品的总成本。

最后,采用适当的方法将各类完工产品的总成本在同类产品中各品种或者各规格的产品间进行分配,计算出各品种或者各规格产品的总成本和单位成本。

分类法的成本计算程序,如图 7-1 所示。

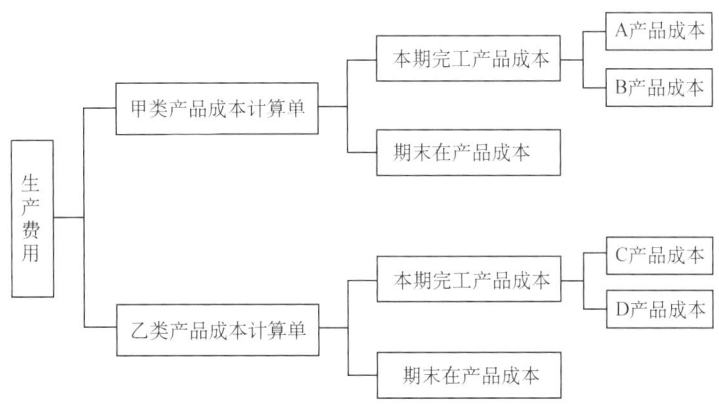

图 7-1 分类法的成本计算程序

同类产品内各种产品之间分配费用的标准,有定额消耗量、定额费用、售价以及产品的体积、长度和重量等。选择分配标准时,应考虑分配标准与产品成本是否密切相关。各成本项目可以采用同一分配标准分配;也可以按照成本项目的性质,分别采用不同的分配标准分配,以使分配结果更加合理。例如,原材料费用可按材料定额费用或材料定额消耗量比例分配,工资及福利费等其他费用可按定额工时比例分配。

为了简化分配工作,可采用系数法进行产品成本的计算。系数法是指按照系数分配同类产品内各种产品成本的方法,称为简化的分类法。在系数法下,将分配标准折算成相对固定的系数,按照固定的系数分配同类产品内各种产品的成本。确定系数时,一般是在同类产品中选择一种产量较大、生产比较稳定或规格折中的产品作为标准产品,把这种产品的分配标准额的系数定为"1";用其他各种产品的分配标准额与标准产品的分配标准额相比,求出其他产品分配标准额与标准产品分配标准额的比率,即系数。系数一经确定,应相对稳定不变。

二、任务案例

宏利模具制造公司甲、乙、丙三种产品的结构、所用原材料和工艺过程相近,合为一类（Ⅰ类）计算成本,采用系数法计算产品成本。该类产品规定乙产品为标准产品,直接人工等其他费用项目均按各种产品的定额工时比例分配。20×3年7月份产量为:甲产品15件,乙产品19件,丙产品30件。单位产品直接材料消耗定额及单价定额,如表7-1所示。

表7-1　　　　　　　　单位产品直接材料消耗定额及单价定额

20×3年7月1日

产品名称	材料名称或编号	消耗定额(千克)	单价定额(元)
甲	1001	27	12
	2063	35	24
	3045	20	18
	4157	30.4	15
乙 (标准产品)	1001	23	12
	2063	30	24
	3045	28	18
	4157	10	15
丙	1001	21	12
	2063	28	24
	3045	25	18
	4157	7.4	15

单位产品工时定额,如表7-2所示。

表 7-2 单位产品工时定额

20×3 年 7 月 1 日

产品名称	工时定额（小时）
甲产品	28
乙产品	31
丙产品	17

根据其他相关资料，登记Ⅰ类产品成本明细账（计算过程不再详细阐述），如表 7-3 所示。

表 7-3 Ⅰ类产品成本明细账

20×3 年 7 月 31 日　　　　　　　　　　　　　　　　　　　单位：元

摘要	直接材料	直接人工	制造费用	合计
月初在产品成本（定额成本）	9 900	1 881	4 752	16 533
本月生产费用	15 180	3 285	8 219	26 684
生产费用累计	25 080	5 166	12 971	43 217
转出完工产品成本	14 080	3 038	7 595	24 713
月末在产品成本（定额成本）	11 000	2 128	5 376	18 504

产品成本计算程序如下：

（1）编制直接材料费用系数计算表，如表 7-4 所示。

表 7-4 直接材料费用系数计算表

20×3 年 7 月 31 日

产品名称	单位产品直接材料定额费用（元）				直接材料费用系数
	材料名称或编号	消耗定额（千克）	单价定额（元）	定额成本（元）	
甲	1001	27	12	324	$\dfrac{1\ 980}{1\ 650}=1.2$
	2063	35	24	840	
	3045	20	18	360	
	4157	30.4	15	456	
	小计			1 980	
乙（标准产品）	1001	23	12	276	1
	2063	30	24	720	
	3045	28	18	504	
	4157	10	15	150	
	小计			1 650	

(续表)

产品名称	单位产品直接材料定额费用(元)				直接材料费用系数
	材料名称或编号	消耗定额（千克）	单价定额（元）	定额成本（元）	
丙	1001	21	12	252	$\dfrac{1\,485}{1\,650}=0.9$
	2063	28	24	672	
	3045	25	18	450	
	4157	7.4	15	111	
	小计			1 485	

（2）编制Ⅰ类产品成本计算表，如表7-5所示。

表7-5　　　　　　　　　　Ⅰ类产品成本计算表

20×3年7月31日　　　　　　　　　　　　　　　　金额单位：元

产品名称	产量（件）	原材料费用系数	原材料费用总系数	工时定额	定额工时（小时）	总成本				单位成本
						直接材料	直接人工	制造费用	合计	
	①	②	③=①×②	④	⑤=①×④	⑥=③×分配率	⑦=⑤×分配率	⑧=⑤×分配率	⑨=⑥+⑦+⑧	⑩=⑨÷①
甲产品	15	1.2	18	28	420	3 960	840	2 100	6 900	460
乙产品	19	1	19	31	589	4 180	1 178	2 945	8 303	437
丙产品	30	0.9	27	17	510	5 940	1 020	2 550	9 510	317
合计			64		1 519	14 080	3 038	7 595	24 713	
分配率						220	2	5		

表7-5中：

直接材料分配率 $=\dfrac{14\,080}{64}=220$

直接人工分配率 $=\dfrac{3\,038}{1\,519}=2$

制造费用分配率 $=\dfrac{7\,595}{1\,519}=5$

三、任务练习

20×3年10月，宏利模具制造公司生产的A、B、C三种产品可归为Ⅱ类，采用分类法计算成本，以B产品为标准产品。该类产品的原材料费用按系数法分配，其他费用按定额工时比例分配。本月直接材料费用定额：A产品360元，B产品450元，C产品585元；工时消耗定额：A产品12小时，B产品16小时，C产品20小时；产品产量：A产品800件，B产品

1 200 件,C 产品 600 件。

(1) 编制直接材料费用系数计算表,如表 7-6 所示。

表 7-6　　　　　　　　　　　直接材料费用系数计算表

20×3 年 10 月 31 日

产品名称	直接材料费用定额	直接材料费用系数(列式)

(2) 计算各项费用分配率,编制该类产品内各种产成品成本计算表,如表 7-7 所示(分配率保留两位小数,尾差由 C 产品负担)。

表 7-7　　　　　　　　　　　Ⅱ类产品成本计算表

20×3 年 10 月 31 日　　　　　　　　　　　　　　　　金额单位:元

产品名称	产量(件)	原材料费用系数	原材料费用总系数	工时定额	定额工时(小时)	总成本			
						直接材料	直接人工	制造费用	合计
A 产品									
B 产品									
C 产品									
合计						1 000 000	123 200	146 400	1 269 600
分配率									

任务二　定　额　法

一、知识准备

(一) 定额法的概念

产品成本计算的定额法,是指以产品定额成本为基础,通过加减产品成本脱离定额差异、材料成本差异和定额变动差异来计算产品实际成本的成本计算方法。

在前述各种成本计算方法(如品种法、分批法、分步法和分类法)下,生产费用的日常核算按照生产费用的实际发生额进行,只在月末时对实际资料与定额资料进行对比分析。运用这些方法无法更好地加强定额管理、及时对产品成本进行控制,无法充分发挥生产成本核算的控制和监督作用。

定额法克服了以上成本计算方法的弱点,把产品成本的计划、控制、核算和分析结合在一起,以便随时控制、监督生产耗费的发生,促使企业以定额成本为控制限度,降低成本,节约耗费。因此,定额法不仅是一种产品成本的计算方法,还是一种对产品成本进行直接控制与管理的方法。

(二) 定额法的特点

定额法针对上述各种成本计算方法的缺点,做了种种改进。其特点包括:

(1) 事前制定产品的消耗定额、费用定额和定额成本作为降低成本的目标。

(2) 在生产费用发生时,将符合定额的费用和发生的成本差异分别核算,以加强对成本差异的日常核算、分析和控制。成本差异包括脱离定额差异、材料成本差异和定额变动差异。

(3) 月末在定额成本的基础上加减各种成本差异,计算产品的实际成本,为成本的定期分析和考核提供数据。

(三) 定额法的计算程序

1. 定额成本的制定

定额成本的制定依据主要是产品的现行工艺过程、产品的材料消耗定额、燃料动力消耗定额、工时定额、小时工资率和制造费用率等,只有具备了科学、先进的定额,才能制定产品的定额成本。定额成本可以按零件、部件和产品分别制定。产品定额成本的制定过程,也是对产品成本进行事前控制的过程。产品的消耗定额、费用定额和定额成本既是对生产耗费进行事中控制的依据,也是月末计算产品实际成本的基础以及进行产品成本事后分析和考核的标准。定额成本包括的成本项目通常与实际成本的成本项目相一致,便于进行计算、比较和考核。

产品定额成本的计算公式如下:

$$直接材料定额成本 = 实际产量 \times 单位产品材料消耗定额 \times 材料计划单价$$
$$= 实际产量 \times 单位产品材料费用定额$$
$$直接人工定额成本 = 实际产量 \times 单位产品工时定额 \times 每小时人工费用定额$$
$$= 定额工时 \times 每小时人工费用定额$$
$$制造费用定额成本 = 实际产量 \times 单位产品工时定额 \times 每小时制造费用定额$$
$$= 定额工时 \times 每小时制造费用定额$$
$$产品定额成本 = 直接材料定额成本 + 直接人工定额成本 + 制造费用定额成本$$

2. 产品成本脱离定额差异的计算

脱离定额差异是指在产品生产过程中实际支出的各种费用与定额之间的差异。实际数大于定额数为超支差异(以"+"表示),实际数小于定额数为节约差异(以"-"表示)。例如,直接材料实际成本为 100 元,直接材料定额成本为 120 元,则直接材料脱离定额差异为 -20 元;又如,直接材料实际成本为 100 元,直接材料定额成本为 80 元,则直接材料脱离定额差异为 +20 元。

脱离定额差异的计算公式如下:

$$脱离定额差异 = 直接材料脱离定额差异 + 直接人工脱离定额差异 + 制造费用脱离定额差异$$

不同成本项目脱离定额差异的计算方法如下:

1) 直接材料脱离定额差异的计算

直接材料脱离定额差异是指由于产品生产实际材料耗用量与其定额耗用量之间的差异而造成的成本差异(即量差)。

直接材料脱离定额差异的计算公式如下：

$$直接材料脱离定额差异＝（材料实际用量－定额耗用量）×计划单价$$

具体来说，直接材料脱离定额差异的计算通常采用以下三种方法：

(1) 限额领料单法。采用该方法时，原材料的领用一般实行限额领料制度，限额范围内的用料，应根据限额领料单领用；增加产量发生的超额用料，在办理了追加限额手续后，也可以使用限额领料单领用；其他原因超额用料或者使用代用料，一般应填制领料单、材料单或者代用材料领料单等差异凭证。对于材料代用或者废料利用，还应在有关限额领料单内注明，并从原定的限额内扣除。生产任务完成后的余料，应填制退料单，退料单应视为差异凭证，原材料余额和退料单中的原材料数额，都属于直接材料脱离定额的直接差异。

(2) 切割法。对于需要切割后才能加工的材料，还应利用材料切割单来计算材料脱离定额的差异。切割单应按切割材料的批别开立，填列发出切割材料的种类、数量、消耗定额以及切割材料的毛坯数量；切割完成后，再填写实际切割成的毛坯的实际耗用量等。根据切割毛坯的数量和消耗定额，就可以计算出材料的定额耗用量，将其与实际耗用量相比较，然后计算出脱离定额的差异。

(3) 盘存法。在连续或者大量生产产品的企业中，产品不能按批别划分，可以用定期盘存法计算材料脱离定额的差异。其计算步骤如下：

首先，根据产量凭证和产量盘存（或者账面）资料所列完工产品数量和在产品数量，计算产品投产量，产品投产量乘以直接材料消耗定额，计算出直接材料定额消耗量。

其次，根据限额领料单、退料单等领退料凭证以及车间余料盘存数，计算出直接材料实际消耗量。

最后，通过账面数和盘存数的差额确定材料脱离定额差异。直接材料费用脱离定额的差异，按成本计算对象通过编制直接材料定额费用和脱离定额差异汇总计算表进行计算。

2) 直接人工脱离定额差异的计算

直接人工脱离定额差异是指在产品生产过程中实际支出的直接人工费用与直接人工定额成本之间的差异。

直接人工脱离定额差异的计算公式如下：

$$直接人工脱离定额差异＝直接人工实际成本－直接人工定额成本$$

3) 制造费用脱离定额差异的计算

制造费用脱离定额差异是指在产品生产过程中实际支出的制造费用与制造费用定额成本之间的差异。

制造费用脱离定额差异的计算公式如下：

$$制造费用脱离定额差异＝制造费用实际成本－制造费用定额成本$$

3. 材料成本差异

材料成本差异是指由于材料实际成本与其计划成本的差异造成的成本差异（即价差）。材料脱离定额差异是按计划成本计算的，因此，在月末计算产品的实际材料费用时，还必须考虑所消耗材料应负担的成本差异问题。其计算公式如下：

$$材料成本差异＝材料实际用量×(实际单价－计划单价)$$

某产品应分配的材料成本差异的计算公式如下：

$$某产品应分配的材料成本差异＝(直接材料定额成本±直接材料脱离定额差异)×材料成本差异分配率$$

4. 月初在产品定额变动差异的计算

企业一般会在月初、季初或者年初进行消耗（费用）定额的修订。修订定额月份当月投产的产品，都是按新定额计算其定额成本和脱离定额的差异；但月初在产品的定额成本仍是按旧定额计算的。两者定额成本标准不一致，因此，为了计算产品的实际成本，就必须将按旧定额计算的月初在产品定额成本调整为按新定额计算的月初在产品定额成本。

月初在产品定额变动包括定额成本调整和定额变动差异两部分内容。两者数额相等，但正负方向相反。需要注意的是，定额的变化，只是影响实际成本与定额成本之间的差异，并不影响产品实际成本。

1）定额成本调整

月初在产品定额成本调整数，是用来调整按旧定额计算的月初在产品定额成本的。定额降低时为负数，定额提高时为正数。

定额成本调整的计算公式为：

$$定额成本调整＝新定额成本－旧定额成本$$
$$＝产品产量×(新单位产品定额费用－旧单位产品定额费用)$$

调整后，可计算出按现行定额计算的定额成本，其计算公式如下：

$$按现行定额计算的定额成本＝期初在产品定额成本＋期初在产品定额成本调整＋本月生产费用定额成本$$

2）定额变动差异

月初在产品定额变动差异，可以根据定额发生变动的月初在产品数量乘以单位定额变动差异来计算。其计算公式如下：

$$定额变动差异＝旧定额成本－新定额成本$$
$$＝产品产量×(旧单位产品定额费用－新单位产品定额费用)$$

但是上述计算方法需要按零件、部件或者工序进行，计算工作量较大。为简化计算，可以通过定额变动系数进行折算。定额变动系数是指按新定额计算的单位产品费用与按旧定额计算的单位产品费用之比。其计算公式如下：

$$定额变动系数＝按新定额计算的单位产品费用÷按旧定额计算的单位产品费用$$
$$月初在产品定额变动差异＝按旧定额计算的月初在产品成本×(1－定额变动系数)$$

5. 产品实际成本的计算

在修订定额成本的月份，产品的实际成本应按下列公式计算：

$$产品实际成本＝按现行定额计算的定额成本±脱离定额差异±材料成本差异±定额变动差异$$

二、任务案例

创维公司 WL 产品由一封闭式车间进行生产，不分步计算成本。公司规定，该种产品的定额变动差异和材料成本差异归由完工产品成本负担;脱离定额差异按定额成本比例,在完工产品与月末在产品之间进行分配。

(一) WL 产品相关资料

(1) 月初在产品定额成本和脱离定额差异表,如表 7-8 所示。

表 7-8　　　　　　　　　月初在产品定额成本和脱离定额差异表　　　　　　　　　单位:元

成本项目	月初在产品成本	
	定额成本	脱离定额差异
直接材料	23 800	+373.36
直接人工	1 230	+43.05
制造费用	5 740	−88.20
合计	30 770	+328.21

(2) 月初在产品定额成本调整数为−1 272 元,定额变动差异为超支 1 272 元。

(3) 本月发生的直接材料定额成本为 112 640 元,脱离定额差异为+2 330 元,材料成本差异为节约差异 3 449.10 元;实际人工费用为 7 774.95 元;制造费用为 34 339.20 元。

(4) 月初在产品 100 件,本月投入 500 件,月末在产品 200 件,完工产品 400 件。

(5) 本月定额工时记录:月初在产品定额工时为 410 小时,本月投产产品定额工时为 2 490 小时,月末在产品定额工时为 820 小时。

(6) 费用定额:单位产品原材料费用定额由 230 元降至 225.28 元;工时定额为 5.2 小时;每小时人工费用定额为 3 元,每小时制造费用定额为 14 元。

(二) WL 产品成本明细账的编制及说明

根据上述资料,登记该种产品成本明细账,如表 7-9 所示。

表 7-9　　　　　　　　　　　　　　　产品成本明细账

产品名称:WL 产品　　　　　　　　　20×3 年 4 月 30 日　　　　　　　　　　　　单位:元

成本项目	月初在产品成本		月初在产品定额变动		本月生产费用		
	定额成本	脱离定额差异	定额成本调整	定额变动差异	定额成本	脱离定额差异	材料成本差异
直接材料	23 800	+373.36	−1 272	+1 272	112 640	+2 330	−3 449.10
直接人工	1 230	+43.05			7 470	+304.95	
制造费用	5 740	−88.20			34 860	−520.80	
合计	30 770	+328.21	−1 272	+1 272	154 970	+2 114.15	−3 449.10

成本项目	生产费用累计				差异分配率
	定额成本	脱离定额差异	材料成本差异	定额变动差异	脱离定额差异
直接材料	135 168	+2 703.36	−3 449.10	+1 272	+2%
直接人工	8 700	+348			+4%

(续表)

成本项目	生产费用累计				差异分配率
	定额成本	脱离定额差异	材料成本差异	定额变动差异	脱离定额差异
制造费用	40 600	−609			−1.5%
合计	184 468	+2 442.36	−3 449.10	+1 272	

成本项目	本月完工产品成本					月末在产品成本	
	定额成本	脱离定额差异	材料成本差异	定额变动差异	实际成本	定额成本	脱离定额差异
直接材料	90 112	+1 802.24	−3 449.10	+1 272	89 737.14	45 056	+901.12
直接人工	6 240	+249.60			6 489.60	2 460	+98.40
制造费用	29 120	−436.80			28 683.20	11 480	−172.20
合计	125 472	+1 615.04	−3 449.10	+1 272	124 909.94	58 996	+827.32

上述表格的填制说明如下：

(1) 月初在产品成本。上述 WL 产品成本明细账中，月初在产品成本资料，根据月初在产品定额成本和脱离定额差异表登记。WL 产品的定额变动差异和材料成本差异均由完工产品成本负担，因而，月初在产品成本中不包括这两种成本差异。

(2) 月初在产品定额变动。月初在产品定额变动中的定额成本调整数为−1 272 元，用来调整按旧定额计算的月初在产品定额成本；定额变动差异数为+1 272 元，是应计入本月产品成本的月初在产品定额变动差异。

(3) 本月生产费用。本月生产费用的各成本项目计算过程如下：

第一，直接材料的定额成本、脱离定额差异和材料成本差异，本案例已经直接给出，按要求填列即可；

第二，直接人工的定额成本和脱离定额差异计算如下：

直接人工定额成本＝定额工时×每小时人工费用定额＝2 490×3＝7 470(元)

直接人工脱离定额差异＝实际成本−定额成本＝7 774.95−7 470＝304.95(元)

第三，制造费用的定额成本和脱离定额差异计算如下：

制造费用定额成本＝定额工时×每小时制造费用定额＝2 490×14＝34 860(元)

制造费用脱离定额差异＝实际成本−定额成本＝34 339.2−34 860＝−520.8(元)

(4) 生产费用累计。生产费用的各种累计数，应根据月初在产品成本、月初在产品定额变动和本月生产费用中的相应数据汇总登记。

定额成本＝月初在产品定额成本＋定额成本调整＋本月生产费用定额成本

直接材料定额成本＝23 800−1 272+112 640＝135 168(元)

直接人工定额成本＝1 230+7 470＝8 700(元)

制造定额成本＝5 740+34 860＝40 600(元)

(5) 差异分配率。表 7-9 中的差异分配率表示在完工产品与月末在产品之间分配各种成本差异的比率。按照公司规定，WL 产品脱离定额差异按定额成本比例，在完工产品与月末在产品之间进行分配。各成本项目脱离定额的差异率计算如下：

$$直接材料脱离定额差异的分配率 = \frac{+2\,703.36}{135\,168} \times 100\% = +2\%$$

$$直接人工脱离定额差异的分配率 = \frac{+348}{8\,700} \times 100\% = +4\%$$

$$制造费用脱离定额差异的分配率 = \frac{-609}{40\,600} \times 100\% = -1.5\%$$

(6) 本月完工产品成本。相关计算如下：

第一，定额成本。本月完工产品的定额成本计算如下：

直接材料定额成本 = 400×225.28 = 90 112(元)

直接人工定额成本 = 400×5.2×3 = 6 240(元)

制造费用定额成本 = 400×5.2×14 = 29 120(元)

产成品定额成本 = 90 112+6 240+29 120 = 125 472(元)

第二，脱离定额差异。表 7-9 中本月产成品应分配的脱离定额差异，应根据产成品的定额成本乘以脱离定额差异的差异率计算填列。本月完工产品应分配负担的脱离定额差异计算如下：

直接材料应分担的差异 = 90 112×2% = +1 802.24(元)

直接人工应分担的差异 = 6 240×4% = +249.60(元)

制造费用应分担的差异 = 29 120×(-1.5%) = -436.80(元)

产成品应分配的脱离定额差异 = 1 802.24+249.60-436.80 = +1 615.04(元)

第三，材料成本差异和定额变动差异。按照公司规定，WL 产品材料成本差异和定额变动差异全部归由完工产品成本负担，因而这两种成本差异不需分配，应根据生产费用累计数中的这两种成本差异直接登记。

第四，实际成本。本月完工产品实际成本计算如下：

实际成本 = 125 472+1 615.04-3 449.10+1 272 = 124 909.94(元)

(7) 月末在产品成本。表 7-9 中月末在产品定额成本，可以根据该种产品各工序各种在产品的盘存数量或账面结存数量，以及月末在产品的定额工时乘以各该费用定额(其中，直接材料费用按修订后的费用定额)计算登记。WL 月末在产品定额成本如下：

直接材料定额费用 = 200×225.28 = 45 056(元)

直接人工定额费用 = 820×3 = 2 460(元)

制造费用定额费用 = 820×14 = 11 480(元)

WL 月末在产品定额成本 = 45 056+2 460+11 480 = 58 996(元)

上述月末在产品定额成本也可以根据生产费用累计数中的定额成本减去本月产成品定额成本，即按照简化的倒挤方法计算登记。两者计算结果应该相等。倒挤法计算月末在产品定额成本 = 184 468-125 472 = 58 996(元)。

月末在产品应分配负担的脱离定额差异，可根据其定额成本乘以脱离定额差异的差异率计算登记，如本例中月末在产品直接材料项目应负担的脱离定额差异为 +901.12 元

(45 056×2%)。也可以根据生产费用累计数的脱离定额差异减去产成品脱离定额差异计算登记。两者计算结果也应相等。

三、任务练习

创维公司 YL 产品 20×3 年 5 月份的生产情况如下：

（1）月初在产品 200 台，本月投入量 400 台，本月全部完工。原材料在生产开始时一次性投料，月初在产品完工程度为 50%。

（2）本公司直接材料的单位产品消耗定额从 4.3 千克降到 4 千克，材料的计划单价为 5 元；单位产品工时定额 5 小时；计划小时人工费 2 元，计划小时制造费用 3.2 元。

（3）本月月初在产品的直接材料定额成本为 4 300 元，直接人工定额成本为 1 000 元，制造费用定额成本为 1 600 元；本月月初在产品的直接材料脱离定额差异为节约 200 元，人工费用脱离定额差异为超支 80 元，制造费用脱离定额差异为超支 100 元。

（4）本月发生的直接材料定额成本为 8 000 元，定额差异为+50 元；本月生产耗用的定额工时为 2 500 小时；实际人工费用为 5 100 元；制造费用为 6 500 元。

（5）假定 YL 产品本月无材料成本差异。

要求：根据以上资料，采用定额法计算 YL 产品的实际成本及月末在产品的定额成本和定额差异，填制产品成本计算表，如表 7-10 所示。

表 7-10　　　　　　　　　　　　　YL 产品成本计算表

20×3 年 5 月

成本项目	月初在产品		月初在产品定额变动		本月生产费用		本月完工产品成本				月末在产品	
	定额成本	脱离定额差异	定额成本调整	定额变动差异	定额成本	脱离定额差异	定额成本	脱离定额差异	定额变动差异	实际成本	定额成本	定额差异
直接材料												
直接人工												
制造费用												
合计												

项目测评

一、单项选择题

1. 下列成本计算方法中，属于辅助方法的是（　　）。
   A. 品种法　　　　B. 分步法　　　　C. 分批法　　　　D. 分类法

2. 某企业产品品种、规格繁多，但产品结构所耗原材料和生产工艺基本相同，计算产品成本较为适宜的方法是（　　）。
   A. 品种法　　　　B. 分步法　　　　C. 分批法　　　　D. 分类法

3. 分类法的特点是（　　）。
   A. 按产品品种计算成本

B. 按产品类别计算成本

C. 按产品类别归集费用,类内各产品的各种费用均采用分类方法分配

D. 按产品类别归集费用,类内各产品的直接费用直接计入,间接费用采用分配方法分配计入

4. 按照系数比例分配同类产品中各种产品成本方法是一种(　　)。

 A. 简化分类法

 B. 分配间接费用的方法

 C. 分配直接费用的方法

 D. 完工产品和月末在产品之间分配费用的方法

5. 直接材料脱离定额差异是指(　　)。

 A. 价格差异　　　　　　　　　　B. 数量差异

 C. 定额变动调整　　　　　　　　D. 定额变动差异

6. 定额法的目的是(　　)。

 A. 计算产品的定额成本　　　　　B. 计算产品的实际成本

 C. 加强成本的定额管理和成本控制　D. 简化成本计算工作

7. 定额法的特点之一,是将事前制定产品的消耗定额、费用定额和(　　)作为降低成本的目标。

 A. 计划成本　　　　　　　　　　B. 定额成本

 C. 费用预算　　　　　　　　　　D. 目标成本

8. (　　)不仅是一种产品成本计算的方法,而且还是一种对产品成本进行直接控制、管理的方法。

 A. 品种法　　B. 分批法　　C. 系数法　　D. 定额法

9. 产品成本中本月发生的原材料定额费用为(　　)。

 A. 完工产品产量×原材料消耗定额×原材料实际单位成本

 B. 产品投产量×原材料消耗定额×原材料实际单位成本

 C. 完工产品产量×原材料消耗定额×原材料计划单价

 D. 产品投产产量×原材料消耗定额×原材料计划单价

10. 为了加强生产耗费的日常控制,必须进行(　　)的日常核算,及时分析差异发生的原因并采取措施进行处理。

 A. 直接人工定额变动差异　　　　B. 脱离定额差异

 C. 原材料定额变动差异　　　　　D. 制造费用定额变动差异

二、多项选择题

1. 类内各种产品之间分配费用的标准有(　　)。

 A. 定额消耗量　　　　　　　　　B. 产品体积

 C. 产品重量　　　　　　　　　　D. 产品售价

2. 简化的分类法选择的标准产品应是(　　)的产品。

 A. 产量最大　　　　　　　　　　B. 生产比较稳定

 C. 规格折中　　　　　　　　　　D. 消耗定额比较稳定

3. 分类法下,各类产品的分类标准有( )。
A. 产品结构
B. 所用的原材料
C. 耗用原材料成本的大小
D. 工艺过程
4. 产品成本计算的分类法( )。
A. 可以分类掌握产品成本情况
B. 简化成本计算工作
C. 以产品类别为成本计算对象
D. 计算结果常有一种假定性
5. 下列各项中,属于原材料脱离定额差异的计算方法有( )。
A. 定额成本法
B. 盘存法
C. 差异凭证法
D. 切割法

三、判断题

1. 分类法不需按产品品种计算成本,因而能简化成本核算。( )
2. 通常定额成本在计划期内是不变动的。( )
3. 切割法下,超额回收废料的差异可以冲减材料费用,因此用负数表示。( )
4. 原材料脱离定额差异是指原材料消耗量的差异,不包括原材料的价格差异。( )
5. 定额变动差异为正数时,表示本月消耗定额降低,从而减少当月总成本。( )

四、综合实训题

20×3年10月,某零件制造公司生产的甲、乙、丙三种产品可归为A类,采用分类法计算成本,以乙产品为标准产品。该类产品的原材料费用按系数法分配,其他费用按定额工时比例分配。本月直接材料费用定额如下:甲产品300元,乙产品400元,丙产品500元;工时消耗定额:甲产品10小时,乙产品15小时,丙产品20小时;产品产量:甲产品800件,乙产品1 000件,丙产品600件。

(1) 编制直接材料费用系数计算表,如表7-11所示。

表7-11　　　　　　　　直接材料费用系数计算表
20×3年10月31日

产品名称	直接材料费用定额	直接材料费用系数(列式)

(2) 计算各项费用分配率,编制该类产品内各种产成品成本计算表,如表7-12所示(分配率保留两位小数,尾差由丙产品负担)。

表7-12　　　　　　　　A类产品成本计算表
20×3年10月31日　　　　　　　　　　　　　　　金额单位:元

产品名称	产量(件)	原材料费用系数	原材料费用总系数	工时定额	定额工时(小时)	总成本			
						直接材料	直接人工	制造费用	合计
甲产品									

(续表)

产品名称	产量（件）	原材料费用系数	原材料费用总系数	工时定额	定额工时（小时）	总成本			
						直接材料	直接人工	制造费用	合计
乙产品									
丙产品									
合计						1 500 000	240 000	160 000	1 900 000
分配率									

 思政之窗

"坚持学习,守正创新"是对会计人员的发展要求。同学们通过本项目的学习,应该懂得:传承固然重要,创新亦不容忽视。当前,信息技术已经广泛应用于企业产品成本核算,我们应与时俱进,跟上大数据的发展步伐。奋斗吧少年!

项目八 成本报表的编制与分析

项目描述

本项目主要讲述产品生产成本表、主要产品单位成本表和制造费用明细表的编制和分析。

成本报表是指根据日常成本核算资料定期编制的,用于反映企业一定时期产品成本水平、考核产品成本计划和生产费用预算执行情况的书面报告。成本报表的编制与分析是会计成本核算的延续,是成本核算的最后一个环节。成本报表编制与分析对于企业降低成本,实现企业的盈利目标具有重要作用。

成本报表不是对外报送或公布的会计报表,国家不作统一规定,由企业自行确定。按照不同的分类标准,可以分为不同的报表类型。按照编报的时间不同,可分为年报、半年报、季报、月报、旬报、周报、日报和班报等;按照反映的经济内容不同,可分为反映费用情况的报表和反映成本情况的报表。反映费用情况的报表主要有制造费用明细表、管理费用明细表、销售费用明细表和财务费用明细表等。反映成本情况的报表主要有产品生产成本表和主要产品单位成本表。

学习目标

【知识目标】

1. 了解成本报表的种类。
2. 掌握成本报表的编制程序和方法。
3. 掌握企业成本报表分析的方法。

【技能目标】

1. 能熟练编制各成本报表。
2. 能运用各种分析方法分析各成本报表。

【素质目标】

通过成本报表编制和分析,培养学生协作能力,增强学生的团队意识,培养学生分析问题、解决问题的能力。

思维导图

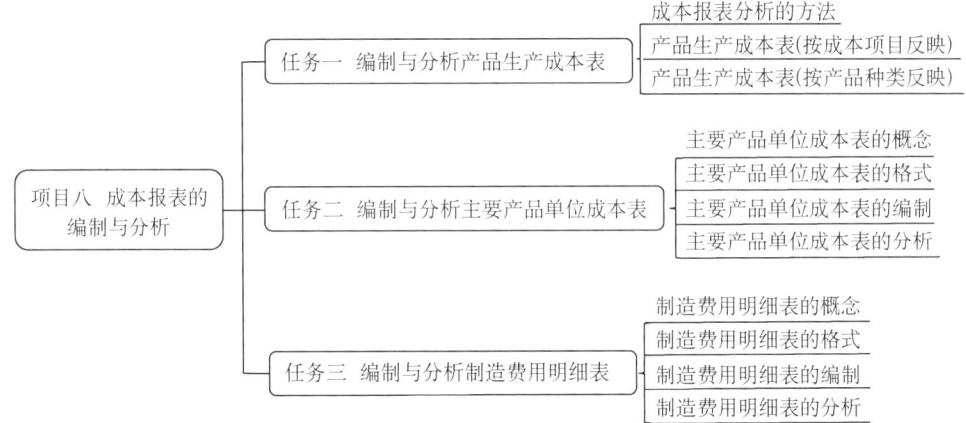

项目导入

星辰公司在完成了成本计算后,需要以成本报表的方式反映成本计算结果,以便进行成本考核;考核企业成本计划完成情况,需要进行成本分析。星辰公司应该如何编制、分析成本报表?

任务一 编制与分析产品生产成本表

一、知识准备

(一)成本报表分析的方法

成本报表分析属于财务分析的范畴,因此,进行成本报表分析需要运用财务分析的常用方法。成本报表分析的方法有以下几种。

1. 对比分析法

对比分析法又称指标对比法或比较分析法,是指通过实际数与基期数对比来揭示实际数与基期数之间的差异,借以了解经济活动及其存在问题的分析方法。它是成本报表分析中最简便、运用范围最广泛的一种方法。常用的对比指标主要有本期计划或定额指标、前期(上期、上年同期或历史先进水平)实际成本、国内外同行业先进成本水平。

2. 比率分析法

比率分析法是指通过计算和对比有关经济指标比率,进行数量分析的方法。采用这种方法,先要将对比的数值变成相对数,求出比率,然后进行对比分析。比率分析法包括相关比率分析法和构成比率分析法两种。

(1)相关比率分析法是指把两个性质不同但又相关的指标进行对比,求出的比率与计

划(或前期实际)比率进行对比分析,以便管理者更深入地了解企业的生产经营状况。例如,将成本指标分别与反映生产、销售等生产经营成果的产值、销售收入、利润指标进行对比,求出产值成本率、销售成本率和成本利润率指标,再通过对比若干期间同类比率,分析生产耗费对经济效益的影响情况与影响程度。

(2) 构成比率分析法是指反映某项经济指标的各个组成部分与总体之间关系的财务比率的分析法,例如,各个成本项目占总成本的比重。通过确定成本的构成比率,将不同时期的成本构成比率进行比较,观察产品成本构成的变动,以掌握企业的经济活动情况及其对产品成本的影响。产品成本项目比率的计算公式如下:

$$产品成本项目比率 = \frac{该成本项目金额}{该产品成本} \times 100\%$$

3. 因素分析法

因素分析法也称连环替代法,是指把某一综合指标分解为若干个相互联系的因素,并分别计算、分析各因素影响程度的方法。成本指标是一个综合性指标,它受到各种因素的影响。只有把成本指标分解为若干构成要素进行分析,才能明确成本指标完成的情况及其原因和责任。

因素分析法的计算原理可用简单的数学公式表示。设成本指标 A 由 X、Y、Z 三个因素相乘组成。其计划成本指标与实际成本指标分别计算如下:

$$计划成本\ A_1 = X_1 \times Y_1 \times Z_1$$
$$实际成本\ A_2 = X_2 \times Y_2 \times Z_2$$
$$差异额 = A_2 - A_1$$

在分析各因素的变动对指标的影响时,首先,确定三个因素的替代顺序,即 X、Y、Z;其次,假定在 Y、Z 两个因素不变的条件下,计算第一个因素 X 变动对指标的影响;再次,在第一个因素已经替代的基础上,计算第二个因素 Y 变动的影响,以此类推,直到计算出每个因素变动的影响;最后,计算各因素对综合指标影响值的代数和,以验证分析结果的正确性。上述过程用公式表示为:

第一因素变动的影响(B_1):

$$A_1 = X_1 \times Y_1 \times Z_1$$
$$A_3 = X_2 \times Y_1 \times Z_1$$
$$B_1 = A_3 - A_1$$

第二因素变动的影响(B_2):

$$A_4 = X_2 \times Y_2 \times Z_1$$
$$B_2 = A_4 - A_3$$

第三因素变动的影响(B_3):

$$A_2 = X_2 \times Y_2 \times Z_2$$
$$B_3 = A_2 - A_4$$

将各因素变动的影响数加以汇总,其结果应与实际脱离计划的总差异相等。

$$B = A_2 - A_1 = B_1 + B_2 + B_3$$

4. 差额分析法

差额分析法是指直接利用各因素的实际数和基期数之间的差额,计算确定各因素变动对综合指标影响程度的方法,是因素分析法的简化形式。

设成本指标 A 由 X、Y、Z 三个因素相乘组成。其计划成本指标与实际成本指标分别计算如下:

$$计划成本 A_1 = X_1 \times Y_1 \times Z_1$$
$$实际成本 A_2 = X_2 \times Y_2 \times Z_2$$

实际与计划的总差异额 $= A_2 - A_1$,这一总差异同时受到 X、Y、Z 三个因素的影响,它们各自的影响程度可分别由以下公式计算求得:

$$X 因素变动的影响:(X_2 - X_1) \times Y_1 \times Z_1$$
$$Y 因素变动的影响:X_2 \times (Y_2 - Y_1) \times Z_1$$
$$Z 因素变动的影响:X_2 \times Y_2 \times (Z_2 - Z_1)$$

将以上三大因素各自的影响数相加就等于总差异 $A_2 - A_1$。

(二) 产品生产成本表(按成本项目反映)

1. 产品生产成本表(按成本项目反映)的概念

产品生产成本表(按成本项目反映)是指按成本项目汇总反映制造业企业在报告期内发生的全部生产费用和产品生产总成本的报表。该表可以分为生产费用和产品生产成本两部分。生产费用部分按照成本项目反映报告期内发生的各种生产费用及其合计数;产品生产成本部分是在生产费用合计数的基础上加上在产品和自制半成品的期初余额,减去其期末余额。

2. 产品生产成本表(按成本项目反映)的格式

产品生产成本表(按成本项目反映),如表 8-1 所示。

表 8-1　　　　　　　　　产品生产成本表(按成本项目反映)

年　月　　　　　　　　　　　　　　　　　　　　　　单位:元

项目	上年实际	本年计划	本月实际	本年累计实际
生产费用				
直接材料				
直接人工				
制造费用				
生产费用合计				
加:在产品、自制半成品期初余额				
减:在产品、自制半成品期末余额				
产品生产成本合计				

3. 产品生产成本表(按成本项目反映)的编制

产品生产成本表(按成本项目反映)的编制方法,如表 8-2 所示。

表 8-2　　　　　　　　　产品生产成本表(按成本项目反映)的编制方法

上年实际	本年计划	本月实际	本年累计实际
根据上年成本报表填列	根据本年计划相关资料填列	根据相关科目明细账当期实际发生额、期初或期末余额填列	根据有关科目明细账年初至当期实际累计发生额、期初或期末余额填列

4. 产品生产成本表(按成本项目反映)的分析

对于按成本项目反映的产品生产成本表,一般可以采用对比分析、构成比率分析和相关指标比率分析等方法进行分析。

(三) 产品生产成本表(按产品种类反映)

1. 产品生产成本表(按产品种类反映)的概念

产品生产成本表(按产品种类反映)是指按产品种类汇总反映企业在报告期内生产的全部产品的单位成本和总成本的报表。

在按产品种类反映产品生产成本表中,对于上一年度没有正式生产或没有上年成本资料的产品,称为不可比产品,在表中不反映上年成本资料;对于上一年度正式生产过、具有上年成本资料的产品,一般称为可比产品,在表中还应反映上年成本资料。

2. 产品生产成本表(按产品种类反映)的格式

产品生产成本表(按产品种类反映),如表 8-3 所示。

表 8-3　　　　　　　　　　产品生产成本表(按产品种类反映)

年　月　　　　　　　　　　　　　　　　　　　　　　　　金额单位:元

产品名称	计量单位	实际产量		单位成本				本月总成本			本年累计总成本		
		本月	本年累计	上年实际平均	本年计划	本月实际	本年累计实际平均	按上年实际平均单位成本计算	按本年计划单位成本计算	本月实际	按上年实际平均单位成本计算	按本年计划单位成本计算	本年实际
		①	②	③	④	⑤=⑨÷①	⑥=⑫÷②	⑦=①×③	⑧=①×④	⑨	⑩=②×③	⑪=②×④	⑫
可比产品合计													
其中:甲													
乙													
不可比产品合计													
其中:丙													
全部产品成本													

3. 产品生产成本表(按产品种类反映)的编制

产品生产成本表(按产品种类反映)的编制方法,如表 8-4 所示。

表 8-4　　　　　　　　　　　产品生产成本表(按产品种类反映)的编制方法

实际产量		单位成本				本月总成本			本年累计总成本		
本月	本年累计	上年实际平均	本年计划	本月实际	本年累计实际平均	按上年实际平均单位成本计算	按本年计划单位成本计算	本月实际	按上年实际平均单位成本计算	按本年计划单位成本计算	本年实际
①	②	③	④	⑤	⑥	⑦	⑧	⑨	⑩	⑪	⑫
根据产品生产成本明细账填列	上月本表该栏数量+本月实际产量	根据上年末该表"本年累计实际平均"数填列	根据本年度成本计划资料填列	⑨÷①	⑫÷②	①×③	①×④	根据本月成本计算单填列	②×③	②×④	上月本表该栏金额+本月实际总成本

4. 产品生产成本表(按产品种类反映)的分析

按产品种类反映的产品生产成本表的分析,一般可以从两个方面进行:一是本期实际成本与计划成本的对比分析;二是本期实际成本与上年实际成本的对比分析。

二、任务案例

(一) 产品生产成本表(按成本项目反映)

20×3 年 12 月,星辰公司根据相关资料编制产品生产成本表(按成本项目反映),如表 8-5 所示。

表 8-5　　　　　　　　　　　产品生产成本表(按成本项目反映)

20×3 年 12 月　　　　　　　　　　　　　　　　　　　　　　单位:万元

项目	上年实际	本年计划	本月实际	本年累计实际
生产费用				
直接材料	17 674	16 495	2 016	18 937
直接人工	2 000	1 967	190	2 449
制造费用	1 950	1 933	209	2 063
生产费用合计	21 624	20 395	2 415	23 449
加:在产品、自制半成品期初余额	5 419	4 870	748	6 142
减:在产品、自制半成品期末余额	4 912	4 619	798	5 841
产品生产成本合计	22 130	20 646	2 365	23 750

对表 8-5 进行分析,分析情况如下:

(1) 对比分析产品生产成本各项合计数,编制产品生产成本分析表,如表 8-6 所示。

表 8-6　　　　　　　　　　　　产品生产成本分析表

20×3 年 12 月　　　　　　　　　　　　　　　　　　　单位：万元

项目	上年实际	本年计划	本年累计实际	与计划比成本降低额	与上年比成本降低额
生产费用合计	21 624	20 395	23 449	−3 054	−1 825

从表 8-6 中可以看出，生产费用本年累计实际成本为 23 449 万元，不仅高于上年实际数 21 624 万元，而且也高于本年计划数 20 395 万元，表明产品成本本年数比上年数和本年计划都超支，需进一步分析超支原因。

(2) 分析产品成本构成，编制产品生产成本分析表，如表 8-7 所示。

表 8-7　　　　　　　　　　　　产品生产成本分析表

20×3 年 12 月　　　　　　　　　　　　　　　　　　金额单位：万元

成本项目	上年实际		本年计划		本月实际		本年累计实际	
	金额	占费用合计的比例	金额	占费用合计的比例	金额	占费用合计的比例	金额	占费用合计的比例
直接材料	17 674	81.73%	16 495	80.88%	2 016	83.48%	18 937	80.76%
直接人工	2 000	9.25%	1 967	9.64%	190	7.87%	2 449	10.44%
制造费用	1 950	9.02%	1 933	9.48%	209	8.65%	2 063	8.80%
生产费用合计	21 624	100.00%	20 395	100.00%	2 415	100.00%	23 449	100.00%

从表 8-7 中可以看出，直接材料和制造费用在生产成本中的比重与上年实际、本年计划相比略有降低，直接人工则恰好相反，有所上升，应结合实际情况进一步分析原因，确定这种变化是否合理。

(二) 产品生产成本表(按产品种类反映)

20×3 年 12 月，星辰公司生产甲、乙、丙三种产品，根据相关成本资料编制产品生产成本表(按产品种类反映)，如表 8-8 所示。

表 8-8　　　　　　　　　　　　产品生产成本表(按产品种类反映)

20×3 年 12 月　　　　　　　　　　　　　　　　　　金额单位：万元

产品名称	计量单位	实际产量		单位成本				本月总成本			本年累计总成本		
		本月(件)	本年累计(件)	上年实际平均	本年计划	本月实际	本年累计实际平均	按上年实际平均单位成本计算	按本年计划单位成本计算	本月实际	按上年实际平均单位成本计算	按本年计划单位成本计算	本年实际
		①	②	③	④	⑤=⑨÷①	⑥=⑫÷②	⑦=①×③	⑧=①×④	⑨	⑩=②×③	⑪=②×④	⑫
可比产品合计								1 271	878.6	1 202	13 207	9 155.2	11 202

(续表)

产品名称	计量单位	实际产量		单位成本				本月总成本			本年累计总成本		
		本月(件)	本年累计(件)	上年实际平均	本年计划	本月实际	本年累计实际平均	按上年实际平均单位成本计算	按本年计划单位成本计算	本月实际	按上年实际平均单位成本计算	按本年计划单位成本计算	本年实际
		①	②	③	④	⑤=⑨÷①	⑥=⑫÷②	⑦=①×③	⑧=①×④	⑨	⑩=②×③	⑪=②×④	⑫
其中:甲	件	65	670	19	13	18	16	1 235	845	1 170	12 730	8 710	10 720
乙	件	12	159	3	2.8	2.67	3.03	36	33.6	32	477	445.2	482
不可比产品合计								330	345			3 476	3 160
其中:丙	件	15	158		22	23	20		330	345		3 476	3 160
全部产品成本								1 271	1 208.6	1 547	13 207	12 631.2	14 362

根据表 8-8 编制按产品种类反映的产品生产成本分析表,如表 8-9 所示。

表 8-9　　　　　　　　　　　产品生产成本分析表

金额单位:万元

产品名称	本年累计总成本		与计划比成本降低额	与计划比成本降低率
	计划	实际		
甲	8 710	10 720	−2 010	−23.08%
乙	445.2	482	−36.8	−8.27%
丙	3 476	3 160	316	9.09%
全部产品成本	12 631.2	14 362	−1 730.8	−13.70%

由表 8-9 中的数据可知,本年累计总成本中,甲产品超支 2 010 万元,乙产品超支 36.8 万元,丙产品节约 316 万元,全部产品超支 1 730.8 万元。表明甲、乙产品未完成成本计划,丙产品较好地完成了成本计划。对甲、乙产品未完成成本计划的原因需结合具体情况进一步分析。

三、任务练习

20×4 年 12 月,星辰公司生产甲、乙、丙、丁四种产品,根据相关成本资料编制产品生产成本表(按产品种类反映),如表 8-10 所示。

表 8-10   产品生产成本表(按产品种类反映)

20×4 年 12 月   金额单位:万元

产品名称	计量单位	实际产量		单位成本				本月总成本			本年累计总成本		
		本月(万件)	本年累计(万件)	上年实际平均	本年计划	本月实际	本年累计实际平均	按上年实际平均单位成本计算	按本年计划单位成本计算	本月实际	按上年实际平均单位成本计算	按本年计划单位成本计算	本年实际
		①	②	③	④	⑤=⑨÷①	⑥=⑫÷②	⑦=①×③	⑧=①×④	⑨	⑩=②×③	⑪=②×④	⑫
可比产品合计													
其中:甲	件	68	656	16	14					1 230			11 548
乙	件	13	151	3	2.8					40			478
丙	件	16	161	20	20					367			3 280
不可比产品合计													
其中:丁	件	20	236		13					254			2 960
全部产品成本													

根据表 8-10 编制按产品种类反映的产品生产成本分析表,如表 8-11 所示。

表 8-11   产品生产成本分析表

金额单位:万元

产品名称	本年累计总成本		与计划比成本降低额	与计划比成本降低率
	计划	实际		
甲				
乙				
丙				
丁				
全部产品成本				

任务二 编制与分析主要产品单位成本表

一、知识准备

(一) 主要产品单位成本表的概念

主要产品单位成本表是指反映企业在报告期内生产的各种主要产品单位成本及其构成

情况的报表。该表是分别按每一种主要产品编制的,是对按产品种类反映的产品生产成本表中某些主要产品成本的进一步补充说明的报表。

(二)主要产品单位成本表的格式

主要产品单位成本表,如表 8-12 所示。

表 8-12　　　　　　　　　　　　　主要产品单位成本表

年　月　　　　　　　　　　　　　　　　　　　金额单位:元

产品名称		本月实际产量		
规格		本年累计实际产量		
计量单位		销售单价		
成本项目	历史先进水平	上年实际平均	本年计划	本月实际	本年累计实际平均
直接材料					
直接人工					
制造费用					
产品生产水平					

(三)主要产品单位成本表的编制

主要产品单位成本表的编制方法,如表 8-13 所示。

表 8-13　　　　　　　　　　　　主要产品单位成本表的编制方法

本月实际产量	本年累计实际产量			
根据统计提供的产品产量资料或产品入库单填列	根据年初至本月末止的统计提供的产品产量资料或产品入库单填列			
成本项目				
历史先进水平	上年实际平均	本年计划	本月实际	本年累计实际平均
根据有关年度的资料填列	根据上年年末该表"本年累计实际平均"栏资料填列	根据成本计划单位成本资料填列	根据本月产品成本明细账有关资料填列	根据年初至本月末止的有关产品成本明细账资料采用加权平均计算后填列

(四)主要产品单位成本表的分析

主要产品单位成本表分析内容包括主要产品单位成本计划完成情况分析和成本项目分析。

1. 计划完成情况分析

对主要产品单位成本计划完成情况的分析,要依据主要产品单位成本各项目的实际数与计划数,确定其差异额和差异率,以及各成本项目变动对单位成本计划的影响程度。

2. 成本项目分析

(1)直接材料。影响单位材料成本的因素主要有单位产品材料消耗量(简称单耗)和材料单价两个因素。运用差额分析法进行深入分析,其差额分解公式为:

$$单位产品材料成本 = 单位产品材料消耗量 \times 材料单价$$

$$单耗变动对单位材料成本的影响 = (实际单耗 - 计划单耗) \times 计划材料单价$$

$$单价变动对单位材料成本的影响 = 实际单耗 \times (实际材料单价 - 计划材料单价)$$

（2）直接人工。影响单位产品人工费用的因素主要有单位产品生产工时和小时工资率。运用差额分析法进行深入分析，其差额分解公式为：

$$单位产品人工费用 = 单位产品生产工时 \times 小时工资率$$

$$单位产品工时变动对单位产品人工费用的影响 = (单位产品实际工时 - 单位产品计划工时) \times 计划小时工资率$$

$$小时工资率变动对单位产品人工费用的影响 = 单位产品实际工时 \times (实际小时工资率 - 计划小时工资率)$$

（3）制造费用。影响单位产品制造费用的因素主要有单位产品生产工时和小时制造费用率。运用差额分析法进行深入分析，其差额分解公式为：

$$单位产品制造费用 = 单位产品生产工时 \times 小时制造费用率$$

$$单位产品工时变动对单位产品制造费用的影响 = (单位产品实际工时 - 单位产品计划工时) \times 计划小时制造费用率$$

$$小时制造费用率变动对单位产品制造费用的影响 = 单位产品实际工时 \times (实际小时制造费用率 - 计划小时制造费用率)$$

二、任务案例

20×3年12月，星辰公司根据相关成本资料编制乙产品的主要产品单位成本表，如表8-14所示，对该企业乙产品单位成本计划完成情况、影响乙产品单位成本变动的成本项目因素进行分析。

表8-14　　　　　　　　　　　主要产品单位成本表
20×3年12月　　　　　　　　　　　　　　　金额单位：元

产品名称	乙产品	本月实际产量		12
规格	HP	本年累计实际产量		159
计量单位	件	销售单价		40 000
成本项目	历史先进水平	上年实际平均	本年计划	本月实际	本年累计实际平均
直接材料	19 602	21 600	20 000	24 205	23 100
直接人工	4 000	4 810	5 004	4 020	4 550
制造费用	2 400	3 603	3 024	2 810	2 625
产品生产水平	26 002	30 013	28 028	31 035	30 275

（一）计划完成情况分析

根据表8-14资料，对星辰公司的主要产品乙产品的单位成本进行分析，乙产品单位成本分析表，如表8-15所示。

表 8-15　　　　　　　　　　　　乙产品单位成本分析表

金额单位:元

成本项目	本年计划	本年累计实际平均	与计划成本比 降低额	与计划成本比 降低率
直接材料	20 000	23 100	−3 100	−15.50%
直接人工	5 004	4 550	454	9.07%
制造费用	3 024	2 625	399	13.19%
产品生产水平	28 028	30 275	−2 247	−8.02%

从表 8-15 中可知,乙产品单位成本本年累计实际比本年计划增加 2 247 元,成本超支率为 8.02%。从成本项目分析,直接人工与制造费用比计划均有所降低,但直接材料超支导致总成本超支。

(二) 成本项目分析

(1) 直接材料。根据乙产品单位材料成本分析资料表,如表 8-16 所示,分析直接材料的影响因素。

表 8-16　　　　　　　　　　　乙产品单位材料成本分析资料表

项目	计划	实际	差异
单耗(千克)	10	10.5	0.5
材料单价(元/千克)	2 000	2 200	200
单位产品材料成本(元)	20 000	23 100	3 100

根据表 8-16 的资料,分析乙产品单位材料成本的变动情况:

单位产品材料成本变动额=23 100−20 000=3 100(元)

单位产品材料成本=单耗×材料单价

单耗变动对单位材料成本的影响=(10.5−10)×2 000=1 000(元)

单价变动对单位材料成本的影响=10.5×(2 200−2 000)=2 100(元)

上述分析说明,乙产品材料成本实际比计划超支 3 100 元,是单耗与材料单价两个因素共同变动影响的结果。其中:单耗变动使单位材料成本比计划超支了 1 000 元,材料单价变动使单位材料成本比计划超支了 2 100 元。

发生单耗上升,与企业的生产管理有关,需要进一步分析引起单耗上升的原因。通常而言,影响单耗变动的原因有:材料质量的变化、材料加工方式的改变、利用废料或代用材料、材料利用程度的变化、产品零部件结构的变化和废料回收情况等,应结合上述原因深入生产环节进行具体分析。

(2) 直接人工。根据乙产品单位产品人工费用分析资料表,如表 8-17 所示,分析直接人工的影响因素。

表 8-17　　　　　　　　　　乙产品单位产品人工费用分析资料表

项目	计划	实际	差异
单位产品工时(小时)	18	17.5	−0.5
小时工资率(元/小时)	278	260	−18
单位产品人工费用(元)	5 004	4 550	−454

根据表 8-17 的资料,分析乙产品单位人工费用的变动情况:

单位产品人工费用变动额＝4 550−5 004＝−454(元)

单位产品人工费用＝单位产品生产工时×小时工资率

单位产品工时变动对人工费用的影响＝(17.5−18)×278＝−139(元)

小时工资率变动对人工费用的影响＝17.5×(260−278)＝−315(元)

两个因素影响程度合计＝−139＋(−315)＝−454(元)

以上分析计算表明:该种产品直接人工费用节约 454 元,是由于工时消耗节约和每小时的工资费用减少所致,应当进一步查明单位产品工时消耗节约和每小时薪酬费用变动的原因。

(3) 制造费用。根据乙产品单位产品制造费用分析资料表,如表 8-18 所示,分析制造费用的影响因素。

表 8-18　　　　　　　　　　乙产品单位产品制造费用分析资料表

项目	计划	实际	差异
单位产品工时(小时)	18	17.5	−0.5
小时制造费用率(元/小时)	168	150	−18
单位产品制造费用(元)	3 024	2 625	−399

根据表 8-18 的资料,分析乙产品单位产品制造费用的变动情况:

单位产品制造费用变动额＝2 625−3 024＝−399(元)

单位产品制造费用＝单位产品生产工时×小时制造费用率

单位产品工时变动对制造费用的影响＝(17.5−18)×168＝−84(元)

小时制造费用率变动对制造费用的影响＝17.5×(150−168)＝−315(元)

两个因素影响程度合计＝−84＋(−315)＝−399(元)

以上分析计算表明:乙产品单位成本中,制造费用节约 399 元,是由工时消耗节约和每小时制造费用减少所致的,工时消耗节约是提高生产率的结果,小时制造费用的节约是加强日常制造费用控制的结果,应当结合制造费用构成情况分析,查明制造费用节约的真正原因。从现象上看,该企业在制造费用管理方面取得了较好的成绩。

三、任务练习

20×4 年 1 月,星辰公司丁产品单位材料成本分析资料表,如表 8-19 所示,分析直接材料的影响因素。

表 8-19　　　　　　　　　　丁产品单位材料成本分析资料表

项目	计划	实际	差异
单耗(千克)	20	25	5
材料单价(元/千克)	3 500	3 600	100
单位产品材料成本(元)	70 000	90 000	20 000

任务三　编制与分析制造费用明细表

一、知识准备

(一) 制造费用明细表的概念

制造费用明细表是指反映制造业企业在报告期内发生的制造费用总额及其构成情况的报表。制造费用的构成,除按照费用明细项目反映,还应按照生产单位反映,该表汇集的制造费用只反映基本生产车间制造费用,不包括辅助生产车间制造费用。

(二) 制造费用明细表的格式

制造费用明细表,如表 8-20 所示。

表 8-20　　　　　　　　　　制造费用明细表

年　月　　　　　　　　　　　　　　　　　　　单位:元

费用项目	行次	本年计划数	上年同期实际数	本月实际	本年累计实际数
职工薪酬	1				
折旧费	2				
修理费	3				
办公费	4				
水电费	5				
差旅费	6				
机物料消耗	7				
劳动保护费	8				
其他	9				
合计	10				

(三) 制造费用明细表的编制

制造费用明细表的编制方法,如表 8-21 所示。

表 8-21　　　　　　　　　　制造费用明细表的编制方法

本年计划数	上年同期实际数	本月实际数	本年累计实际数
根据制造费用预算中的有关项目数字填列	根据上年本表的"本月实际数"填列	根据"制造费用明细账"的本月发生数填列	根据"制造费用明细账"的记录计算填列

(四)制造费用明细表的分析

利用制造费用明细表可以分析制造费用的构成和增减变动情况,考核制造费用预算的执行情况,以便进一步采取措施,节约开支,降低费用。

对制造费用明细表的分析主要采用对比分析法。对制造费用的对比分析通常按成本项目进行,由于制造费用的构成项目较多,分析时应有所侧重,选取差异数较大或所占比重较大的项目进行分析。

二、任务案例

20×3年12月,星辰公司根据相关资料编制制造费用明细表,如表8-22所示。

表8-22   制造费用明细表

20×3年12月   单位:万元

费用项目	行次	本年计划数	上年同期实际数	本月实际	本年累计实际数
职工薪酬	1	324	28	35	337
折旧费	2	168	21	23	173
修理费	3	50	7	12	60
办公费	4	160	18	15	164
水电费	5	227	25	23	233
差旅费	6	88	11	8	121
机物料消耗	7	664	67	62	716
劳动保护费	8	164	21	15	164
其他	9	105	17	16	95
合计	10	1 950	215	209	2 063

根据表8-22编制制造费用明细分析表,如表8-23所示。

表8-23   制造费用明细分析表

单位:万元

费用项目	本年计划数	本年累计实际数	与计划比成本降低额
职工薪酬	324	337	−13
折旧费	168	173	−5
修理费	50	60	−10
办公费	160	164	−4
水电费	227	233	−6
差旅费	88	121	−33
机物料消耗	664	716	−52
劳动保护费	164	164	0

(续表)

费用项目	本年计划数	本年累计实际数	与计划比成本降低额
其他	105	95	10
合计	1 950	2 063	−113

从表 8-23 中可知,机物料消耗和职工薪酬属于制造费用中的重要项目。对比分析两项的本年累计实际数与本年计划数,"机物料消耗"项目的本年累计实际数为 716 万元,而本年计划数为 664 万元,超支 52 万元,"职工薪酬"项目的本年累计实际数为 337 万元,而本年计划数为 324 万元,超支 13 万元,两者共超支 65 万元,超出比例很大,应结合实际具体分析原因,注意控制成本。

三、任务练习

20×4 年 12 月,星辰公司根据相关资料编制制造费用明细表,如表 8-24 所示。

表 8-24　　　　　　　　　　　制造费用明细表

20×4 年 12 月　　　　　　　　　　　　　　　　　单位:万元

费用项目	行次	本年计划数	上年同期实际数	本月实际	本年累计实际数
职工薪酬	1	322	35	29	331
折旧费	2	166	23	24	167
修理费	3	48	12	11	59
办公费	4	158	15	18	159
水电费	5	225	23	21	219
差旅费	6	86	8	8	118
机物料消耗	7	662	62	59	702
劳动保护费	8	162	15	14	159
其他	9	103	16	17	91
合计	10	1 932	209	201	2 005

对制造费用各项目的本年累计实际数与本年计划数进行分析,编制制造费用明细分析表,如表 8-25 所示。

表 8-25　　　　　　　　　　　制造费用明细分析表

单位:万元

费用项目	本年计划数	本年累计实际数	与计划比成本降低额
职工薪酬			
折旧费			
修理费			
办公费			

(续表)

费用项目	本年计划数	本年累计实际数	与计划比成本降低额
水电费			
差旅费			
机物料消耗			
劳动保护费			
其他			
合计			

项目测评

一、单项选择题

1. 下列各项中,不属于成本报表的是(　　)。
   A. 制造费用明细表　　　　　　　　B. 利润表
   C. 产品生产成本表　　　　　　　　D. 主要产品单位成本表

2. 成本报表属于(　　)。
   A. 对内报表　　　　　　　　　　　B. 对外报表
   C. 既是对内报表,又是对外报表　　 D. 对内或对外,由企业自行决定

3. 企业编制产品生产成本表(按产品种类反映)时必须做到(　　)。
   A. 可比、不可比产品必须分别填列　B. 可比、不可比产品可合并填列
   C. 既可分别、也可合并填列　　　　D. 填列时无需划分可比、不可比产品

4. 通过某项经济指标的各个组成部分与总体之间的关系,来观察产品成本构成的变动,以掌握企业的经济活动情况及其对产品成本的影响的方法是(　　)。
   A. 因素分析法　　　　　　　　　　B. 相关比率分析法
   C. 差额分析法　　　　　　　　　　D. 构成比率分析法

5. (　　)是指把两个性质不同但又相关的指标进行对比,求出的比率与计划(或前期实际)比率进行对比分析,以便管理者更深入地了解企业的生产经营状况的方法。
   A. 因素分析法　　　　　　　　　　B. 相关比率分析法
   C. 差额分析法　　　　　　　　　　D. 对比分析法

6. 主要产品单位成本表不包含(　　)项目。
   A. 历史先进水平　　　　　　　　　B. 上年实际平均单位成本
   C. 本年计划成本　　　　　　　　　D. 上月实际单位成本

7. 对制造费用明细表的分析主要采用(　　)。
   A. 对比分析法　　　　　　　　　　B. 因素分析法
   C. 相关比率分析法　　　　　　　　D. 差额分析法

8. 制造费用明细表,应根据(　　)发生额编制。
   A. 各基本生产车间制造费用明细账
   B. 制造费用总账账户

C. 各辅助生产车间制造费用明细账
D. 各基本生产和辅助生产的制造费用明细账
9. 按某一种产品编制的成本报表是( )。
A. 产品生产成本报表(按成本项目反映)
B. 主要产品单位成本表
C. 产品生产成本报表(按产品种类反映)
D. 制造费用明细表
10. 主要产品单位成本表中的"本月实际单位成本"根据( )填列。
A. 本年实际总成本除以本月实际产量
B. 本月实际总成本除以本月实际产量
C. 本年累计实际总成本除以本年累计实际产量
D. 本月实际总成本除以本年累计实际产量

二、多项选择题

1. 比率分析法主要包括( )。
A. 构成比率分析法   B. 连环替代分析法
C. 差额分析法   D. 相关比率分析法
2. 成本报表按编制的时间分类,可分为( )。
A. 年报和季报   B. 半年报和月报
C. 旬报和周报   D. 日报和班报
3. 按成本项目编制的产品生产成本表一般包括( )。
A. 生产费用合计   B. 在产品、自制半成品期初余额
C. 在产品、自制半成品期末余额 D. 产品生产成本合计
4. 成本报表分析的方法有( )。
A. 对比分析法   B. 因素分析法
C. 差额分析法   D. 比率分析法
5. 主要产品单位成本表应当反映该主要产品的( )。
A. 本年计划单位成本   B. 上年实际平均单位成本
C. 本月实际单位成本   D. 历史先进水平单位成本

三、判断题

1. 财务费用明细表不属于成本报表。( )
2. 可比产品是指上一年度没有正式生产或没有上年成本资料的产品。( )
3. 产品生产成本表一般有两种编制方法,一种是按成本项目反映,另一种是按产品种类反映。( )
4. 制造费用明细表只需列出"上年同期实际数"及"本年累计实际数"两栏数字。( )
5. 影响单位材料成本的因素主要有单耗和材料单价两个因素。( )

四、实训题

20×3年12月,华宇公司丁产品单位产品制造费用分析资料表,如表8-26所示。

表 8-26　　　　　　　　　　丁产品单位产品制造费用分析资料表

项目	计划	实际	差异
单位产品工时(小时)	180	175	−5
小时制造费用率(元/小时)	336	300	−36
单位产品制造费用(元)	60 480	52 500	−7 980

要求：运用差额分析法分析单位产品制造费用的影响因素。

思政之窗

"取之有制，用之有节，则裕；取之无制，用之不节，则乏。"成本控制与管理对企业而言至关重要，履行好成本会计职能，可以为企业节约成本，优化资源配置，提高经济效益。